갖고 싶고 선물하기 좋은 36가지 코바늘 아이템
홀리의 코바늘 키링

Crochet key ring

갖고 싶고 선물하기 좋은 36가지 코바늘 아이템

홀리의 코바늘 키링

비타북스

Prologue

뜨개질은 마법 같아요!
실과 바늘만 있으면 무엇이든지 만들어낼 수 있으니까요.

뜨개질을 할 때면, 한 코 한 코 실을 엮으며
제 이야기까지 작품에 함께 새겨 넣는 기분이에요.
그렇게 삶의 궤적도 코바늘 뜨개와 함께 천천히 그려가고 있답니다.

뜨개를 처음 시작하는 분들께 꼭 전하고 싶은 말이 있어요.
뜨개에는 정답이 없어요. 천천히 떠도, 모양이 조금 달라도 괜찮아요.
같은 도안이라도 만드는 사람의 손 땀에 따라 세상에 단 하나뿐인 특별한 작품이 되거든요.

처음에는 코가 잘 보이지 않고, 손이 마음처럼 따라주지 않아 답답할 수도 있어요.
실이 엉키고, 생각처럼 속도가 나지 않아 포기하고 싶을 때도 있을 거예요.
하지만 누구나 그런 순간이 지나고 익숙해지면 차츰 나만의 속도를 찾아가게 돼요.
그러니 너무 조급해하지 말고, 천천히 즐겨주세요.

이 책 중간중간에 저의 이야기를 담은 것도 그런 이유예요.
뜨개를 시작하게 된 계기부터 나만의 브랜드를 만들게 된 이야기,
그리고 뜨개를 통해 더욱 특별해진 소중한 순간들을 여러분과 나누고 싶었어요.

차곡차곡 쌓여가는 코와 단을 보며 느끼는 작은 뿌듯함,
그리고 마침내 완성된 작품을 손에 쥘 때의 기쁨.
그게 제가 뜨개를 사랑하는 이유이자, 여러분과 이 행복을 나누고 싶은 이유예요.
뜨개를 해온 시간보다 앞으로 나아갈 시간이 더 많다고 생각하면 더욱 기대되고 설레요.

이 책을 통해 여러분의 손끝에서 새로운 작품들이 탄생하길 바랍니다.
그리고 그 작품들이 누군가에게 따뜻한 선물이 되고,
여러분에게는 추억의 한 장면이 되었으면 해요.

이 책이 나오기까지 힘이 되어주신 조유진 편집자님과 출판사 담당자님들께도
진심으로 감사드립니다.
좋아하는 일을 할 수 있도록 늘 믿어주고 응원해주는 우리 엄마.
덕분에 모든 도전을 망설임 없이 시작할 수 있었고,
지금도 즐겁게 계속해나가고 있어요. 고맙고, 사랑해요!
그리고 딸의 첫 책을 위해 애정을 듬뿍 담아 멋진 사진을 찍어준 든든한 우리 아빠,
… 가족이니까 그냥 한번 적어보는, 우리 오빠까지!

마지막으로, 제 뜨개 여정을 함께해주시고 언제나 따뜻한 응원을 보내주시는
우리 뜨개칭구들(구독자님들)에게도 정말 고맙습니다. 여러분 덕분에 이 책이 나올 수 있었어요.

뜨개를 사랑하는 사람으로서, 이 책을 펼친 여러분을 진심으로 응원할게요.
우리, 천천히, 오래오래 함께 뜨개해요!

**홍대 옥탑방 작업실에서
여러분의 뜨개 친구,
홀리가**

××××××××××××××××××××××××

Contents

프롤로그 4

Let's Begin Crochet
코바늘을 시작해요!

- 뜨개의 시작, 도구 마련하기 12
- 홀리의 애착 뜨개 도구들 14
- 알아두면 좋은 실 소개 15
- 3,000원으로 뜨개 시작하기(feat. 다이소) 17
- 이 책의 도안 읽는 방법 19
- 영문 도안 읽는 방법(US Terms) 20

Crochet Stitch
코바늘 기초 기법을 배워봐요

실 잡는 방법 24 | 사슬뜨기 24 | 짧은뜨기 25 | 짧은뜨기 늘리기 26 | 짧은뜨기 줄이기 26 | 짧은뜨기 이랑뜨기 27 | 짧은뜨기 앞이랑뜨기 28 | 긴뜨기 29 | 한길긴뜨기 29 | 한길긴뜨기 줄이기 30 | 빼뜨기 31 | 매직링 만들기 32 | 매직링 마무리 33 | 한길긴뜨기 5코 구슬뜨기 34 | 한길긴뜨기 5코 팝콘뜨기 34 | 두길긴뜨기 35 | 실 색상 바꾸기 36 | 실 연결하기 37 | 원형뜨기 마무리하기 37 | 평면뜨기 마무리하기 38 | 티 안 나는 짧은뜨기 줄이기 39 | 인형 눈 연결하기 40 | Essay 홍대 옥탑방에 작업실 구한 이야기 42

Key Rings for Beginner
입문자를 위한 기초 키링

내가 뜨개를 시작하게 된 계기 48

50
행운은 만드는 거야!
네잎클로버 키링

56
작지만 활용도 최고!
하트 키링

60
너 좀 힙하다?
해파리 키링

66
최고의 겨울 선물,
붕어빵 키링

74
생각보다 쉽네?
버섯 키링

82
귀염둥이
방울토마토 키링

88
서니사이드업
계란프라이 키링

Essay
24살에 만든 나만의
뜨개 브랜드 홀리랜드 94

Step 4

Key Rings for Gift
선물하기 좋은 키링

선물하는 기쁨을 다시 알려준 코바늘 100

102
모두가 탐내는
돌멩이 키링

106
호호 불어 먹는
고구마 키링

110
한입 먹은
붕어빵 키링

114
자유를 축하하며!
양말 키링

118
만화에 나올 것 같은
푸딩 키링

122
작지만 확실한 포인트!
벚꽃 키링

126
200만 뷰! 화제의
무 키링

130
혹시… 당근이세요?
당근 키링

134
제주도 여행에는 역시!
한라봉 키링

138
감 떨어질 때 만드는
감 키링

142
코가 기이이이인
보르조이 키링

146
항상 행복한
스마일 개구리 키링

150
러브 이즈 올!
통통 하트 키링

154
스트라이크를 위하여!
볼링핀 키링

158
치즈 크러스트 페퍼로니
피자 키링

Essay
뜨개하면서 듣기 좋은
플레이리스트 162

Step 5

Crochet for Everyday Life
매일 사용하고 싶은 코바늘 소품

첫 플리마켓에서 붕어빵 100마리 판 후기 162

다시 돌아온 낭만,
LP 티코스터

나만의 색 조합으로 만드는
체커보드 티코스터

힘들면 내게 기대!
어깨깡패 곰돌이 티코스터

선글라스를 쓴 멋쟁이!
토마토 카드 지갑

v브이v 하고 여기 보세요!
오리 카드 지갑

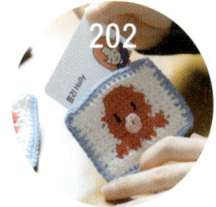

문어발 뜨개인을 위한!
문어 카드 지갑

나의 멘탈 매니저!
아기 돼지 스트레스볼

사계절 내내 크리스마스!
눈사람 립밤 케이스

내 집 마련 성공!
집 립밤 케이스

근·본! 모티프 한 장
코바늘 파우치

밴드 붐은 온다!
기타 피크 키링

독서 왕이 될 거야!
검은 고양이 책갈피

내 손목을 부탁해!
메론빵 거북이 손목 받침대

행복을 전하는
아기 판다 뜨바오 인형

Essay
뜨개에 정답은 없다!
나만의 뜨개 도안을 만드는 방법 266

부록 • COLOR SWATCH 270

Step1

Let's begin Crochet

코바늘을 시작해요!

코바늘을 처음 시작한다면 어떤 도구를 준비해야 할지, 어떤 실을 사야 할지 하나부터 열까지 막막하게 느껴질 수 있어요. 몇 가지 용어와 꿀팁만 미리 알아둔다면 코바늘을 훨씬 더 재미있게 시작할 수 있어요. 지금부터 코바늘 뜨개를 위한 준비를 알려드릴게요.

뜨개의 시작, 도구 마련하기

모든 취미는 장비가 9할!
이 책에 나오는 작품들을 완성하기 위한 코바늘 뜨개의 기본 도구들을 소개합니다.

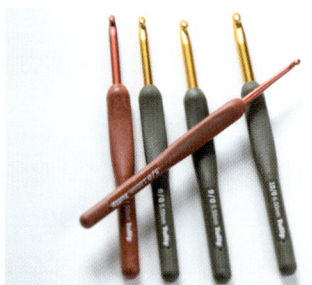

코바늘
실의 굵기에 따라 사용하는 코바늘 사이즈가 달라져요. 호수가 커질수록 코바늘이 굵어집니다. 이 책에서는 모 사용 코바늘 5호(3mm)를 가장 많이 사용할 거예요!

뜨개실
저는 주로 면과 아크릴이 섞인 2mm 굵기의 부드러운 뜨개실을 사용해요. 뜨개질에 흥미가 생기면, 아마 저처럼 실 수집가가 되실 거예요(뜨개질과 뜨개실 구입은 다른 취미라고 생각해요!).

가위
주로 실을 자를 때 쓰기 때문에 끝이 뾰족한 수예용 가위를 추천합니다. 가위를 사용할 때는 항상 손을 조심하는 거 잊지 마세요.

돗바늘
자른 실을 정리하거나 편물끼리 연결할 때, 인형의 얼굴이나 무늬를 만들 때 사용합니다. 아! 돗바늘은 자주 없어지니 많을수록 좋아요. 저도 지금까지 50개를 넘게 샀는데 10개도 안 남아 있네요.

단수링
처음 뜨개를 시작하면 가장 헷갈리는 부분이 바로 콧수 세기입니다. 단수링은 첫 코를 표시해서 단 콧수를 셀 때 헷갈리지 않도록 도와주는 아이템이에요.

키링 고리
이 책에 나오는 대부분의 작품은 키링으로 활용하면 더 빛나요. 다양한 키링 고리 중에 저는 D고리와 군번줄을 가장 많이 사용합니다.

인형눈
주로 단추눈과 나사눈 두 가지를 사용해요. 단추눈은 바느질을 해줘야 하고, 나사눈은 와셔로 고정할 수 있습니다. 저는 크기가 작은 작품에는 단추눈을, 크기가 비교적 큰 작품에는 나사눈을 사용해요.

방울솜
인형을 통통하게 만들어주는 준비물이에요. 구름솜보다 방울솜이 더 고르게 들어가서 방울솜을 추천합니다. 500g만으로도 책에 나오는 모든 작품을 완성하고도 남을 만큼 넉넉한 양이에요.

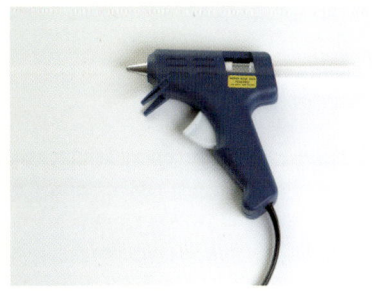

글루건
저의 뜨개 인생은 글루건 사용 전과 후로 나뉠 만큼 이제 글루건은 뜨개 필수품이 되었어요. 특히 납작한 편물을 이어줄 때 바느질 대신 사용하면 정말 편리합니다 (게임에서 아이템 사용하는 것 같은 기분이에요!).

시침핀
뜨개 인형 눈 위치를 정하거나 부품들을 연결할 때 사용해요. 저는 가끔 시침핀 대신 얇은 돗바늘을 이용하기도 합니다.

없어도 되지만 있으면 귀여운 홀리의 애착 뜨개 도구들

뜨개를 취미로 하다 보니 뜨개 관련 용품을 더욱 눈여겨보게 되었어요.
그중에서도 제가 특별히 아끼는 아이템들을 소개합니다.

곰돌이 줄자

오사카 유니버설 스튜디오에서 구매한 곰돌이 줄자예요. 뜨개를 하다 보면 줄자가 필요한 순간이 종종 있는데요, 그럴 때 귀여운 줄자를 하나 마련해두면 뜨개가 더욱 즐거워질 거예요.

자석 실타래

코하나(Cohana)에서 나온 도자기 자석 실타래예요. 겉면에는 자성이 있어서 돗바늘을 붙여놓고, 내부에는 바늘을 꽂을 수 있는 얇은 펠트가 있어서 시침핀을 보관할 수 있어요. 늘 곁에 두고 쓰는 귀엽고 실용적인 아이템이에요.

라벨

뜨개를 시작하고 예쁜 라벨을 보면 그냥 지나치지 못하게 됐어요. 당장 쓸 일이 없어도 모아놓고 보면 기분이 좋아져요! 완성한 뜨개 작품에 라벨이나 단추를 달아주면 완성도가 올라가요:) 나만의 라벨을 만들어서 붙여주면 더욱 개성 있는 작품이 됩니다.

알아두면 좋은 실 소개

뜨개실의 세계는 무궁무진해요.
가장 많이 사용되는 실과 특수실 구입처를 알려드립니다.

● 쎄비 로미오실

https://sevy.co.kr/

이 책에 실린 모든 작품은 로미오실을 사용해 만들었어요.
제가 처음 코바늘을 시작했을 때부터 애용해온 실로, 보풀이나 먼지가 잘 일지 않아 뜨개 인형과 키링은 물론 다양한 소품에도 잘 어울립니다.
±2mm 굵기의 실로, 추천 바늘은 코바늘 5/0~7/0호 입니다.
저는 주로 5호를 사용하여 촘촘하게 뜨고 있습니다.
참고로, 작품에 무늬를 낼 때는 로미오실보다 조금 얇은 줄리엣실을 사용하는 것을 추천합니다.

• **실룩 합사실**

https://smartstore.naver.com/thesillook

실룩은 사랑스럽고 아름다운 실을 골라 합사해
그 어디에도 존재하지 않는 유일무이한 실을 만드는 브랜드입니다.
실 자체로도 예뻐서 바라만 봐도 행복해지기 때문에,
수집하듯 모으고 있어요. 하하.
저의 추천 실은 믹스실 '**보들보라**'와 모헤어실 '**폼폼딸기**'입니다.
책 속에 나오는 해파리 키링(p.60)이나 체커보드 티코스터(p.174) 같은 작품을 만들 때
합사실을 쓰면 색다른 느낌으로 완성할 수 있습니다.

3,000원으로 뜨개 시작하기
(feat. 다이소)

비싼 코바늘부터 사기에는 부담스럽고, 코바늘 뜨개질을 한번 찍먹해보고는 싶은데….
그럴 때는 다이소에 가보세요! 다양한 종류와 색상의 뜨개실과 뜨개 도구가 대부분 갖춰져 있답니다.

1. 다이소 뜨개실(1,000원)

처음에 어떤 실을 살까 고민된다면 실 띠지를 자세히 봐주세요. 실 띠지에는 보통 권장하는 바늘 두께가 표기되어 있습니다. 실이 굵어질수록 코가 잘 보이기 때문에 처음에는 권장 바늘 두께가 최소 3mm 이상으로 써 있는 실을 추천합니다.
수세미실보다는 코가 잘 보이는 탄탄한 면 뜨개실, 부드러운 구름 뜨개실 이렇게 두 가지 제품을 추천해요.

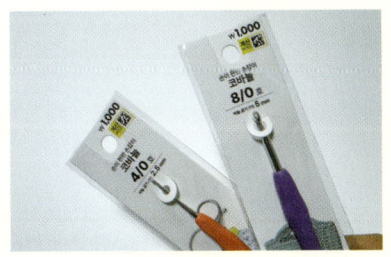

2. 다이소 코바늘(1,000원)

뜨개 시장이 커지면서 다이소에도 다양한 코바늘이 들어왔어요. 그중에서 '손이 편한 손잡이 코바늘'을 추천합니다. 손잡이가 부드러워서 그립감이 좋거든요. 다양한 호수로 판매 중이니 실을 먼저 고른 다음 권장 바늘에 맞춰서 코바늘을 구매하는 걸 추천합니다.

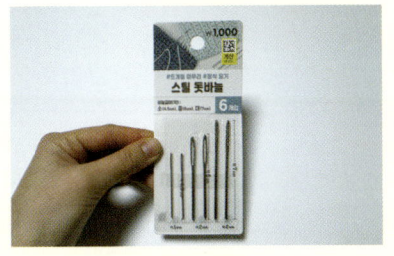

3. 다이소 돗바늘(1,000원)

돗바늘은 뜨개질에 빠질 수 없는 도구예요. 꼬리실을 정리할 때는 물론이고, 편물을 연결하거나 인형 얼굴 혹은 무늬를 만들어줄 때 등 가장 많이 쓰입니다. 다이소 돗바늘은 사이즈별로 들어 있어서 가성비가 정말 좋아요. 저도 늘 쟁여놓는 아이템입니다.

앞의 세 가지 재료만 있어도 지금 당장 뜨개를 시작할 수 있어요(제품 가격은 2025년 4월 기준).

첫 입문 추천 작품: 네잎클로버 키링(p.50), 붕어빵 키링(p.66)

이 외에도 난이도 별 1개인 작품 중에서 취향에 맞는 것부터 도전해보세요!

• 다이소 제품으로 포장하기

다이소에 가면 문구류가 정말 다양한데요, 요즘은 포장 용품도 점점 많아지고 있어요! 오늘은 딱 3,000원으로 키링을 예쁘게 포장하는 방법을 소개할게요. 작고 납작한 키링을 포장할 땐, 이렇게 해보세요!

1. 접착식 선물봉투(6×9cm, 1000원)와 사각 스티커(2,000원)를 준비해주세요.

2. 사각 스티커 끝부분을 살짝 잘라서 구멍을 만들어줍니다.

3. 준비한 키링을 구멍에 걸어주세요.

4. 봉투에 키링을 넣어주면 선물할 준비 완료!

+ 포장 추천템 [크라프트 포장 박스]

입체감 있는 인형이나 작품을 선물할 때는 박스를 사용해주세요. 조립 방법도 간단하고 종이 완충제를 함께 깔아주면 더 따뜻한 느낌이 납니다.

이 책의 도안 읽는 방법

이 책에 등장하는 모든 작품은 다음과 같은 서술형 도안으로 표기돼요.

- 해당 단의 총 콧수
- 다른 코(다음 코)에 뜨줄 때는 [,]로 표기

1단(6): 매직링, 짧은뜨기 6, 빼뜨기
2단(12): 기둥사슬, 짧은뜨기 늘리기 6, 빼뜨기
3단(15): 기둥사슬, (짧은뜨기 3, 짧은뜨기 늘리기 1)×3, 빼뜨기
4~5단(15): 기둥사슬, 짧은뜨기 15, 빼뜨기
6단(15): (사슬 2, 빼뜨기)×15

- 여러 단 반복
- 괄호 안 내용을 수만큼 반복
- 같은 코에 뜰 때는 [-]로 표기

* 책에서 숫자 없이 '기둥사슬'로 표기된 것은 사슬뜨기 1번을 해줍니다.
이때 기둥사슬은 콧수에 포함되지 않아요.

그림 도안을 볼 때는 다음 기호표를 확인해주세요.

빼뜨기	짧은뜨기	한길긴뜨기	짧은뜨기 2코 늘리기	긴뜨기 2코 늘리기	한길긴뜨기 5코 구슬뜨기
사슬뜨기	긴뜨기	두길긴뜨기	짧은뜨기 2코 줄이기	한길긴뜨기 2코 늘리기	

영문 도안 읽는 방법 (US Terms)

뜨개를 하다 보면 더 예쁜 작품을 만들고 싶은 마음으로 다양한 도안을 찾아 헤매게 됩니다. 마치 맛있는 요리 레시피를 찾는 것처럼요. 몇 가지 영어 기호만 이해해도 선택할 수 있는 도안의 폭이 훨씬 더 넓어집니다. 외국 도안까지 섭렵할 수 있는 영문 도안 읽는 법을 배워보세요.

영문 약어	영문 기호 (US)	한국어
Hk	Hook	코바늘
R/Rnd	Row, Round	단
St	Stitch	코
Ch	Chain	사슬
Sl St	Slip stitch	빼뜨기
Sc	Single crochet	짧은뜨기
Inc	Increase	코 늘리기
Dec	Decrease	코 줄이기
Hdc	Half double crochet	긴뜨기
Dc	Double crochet	한길긴뜨기
Tr	Treble crochet	두길긴뜨기
Blo/Bl	Back loop only	이랑뜨기
Flo/Fl	Front loop only	앞이랑뜨기
Cl	Cluster	구슬뜨기
Pc	Popcorn	팝콘뜨기

이제 영문 도안 읽는 방법도 알았으니, 다양한 무료 도안 사이트를 소개할게요.

1. 도아니티 https://www.doanity.com/
국내 최대 규모의 도안 사이트로, 다양한 도안을 사고팔 수 있는 플랫폼입니다.

2. 레이블리 https://www.ravelry.com/
30만 개 이상의 무료 코바늘 도안과 유료 도안을 제공하는 글로벌 커뮤니티 플랫폼입니다.

3. 핀터레스트 https://kr.pinterest.com/
각국에서 업로드한 다양한 코바늘 도안과 아이디어를 찾을 수 있습니다. 'Crochet Patterns'를 검색하면 많은 자료가 나옵니다.

4. 금손 실험실 https://www.imhandzoo.com/
기발한 아이디어로 톡톡 튀는 작품과 다양한 캐릭터를 만드는 뜨개 작가 임금손의 다양한 뜨개 도안을 볼 수 있는 사이트입니다.

5. 수돌이네 http://soodorine.kr/
따뜻하고 섬세한 작품을 만드는 뜨개 작가 수돌이의 사이트입니다. 가입 시 지급되는 포인트로 귀여운 도안을 바로 다운받을 수 있어요!

6. 이 외에도 요즘 인스타그램에 귀여운 코바늘 도안을 공유해주는 작가님들이 정말 많아졌어요. 다양한 무료 도안이 가득한 계정을 소개합니다.

#코바늘_무료도안
뉴크로셰(newcrochet__), 이브(evewa_y), 니팅쌤(knitting_ssem), 삐영이네 공방(bbyoung_crochet)

Step2

Crochet Stitch

코바늘 기초 기법을 배워봐요

코바늘이 처음인 분들은 난이도가 낮은 작품을 골라서 만들어보거나 이번 스텝에서 기초 기법부터 차근차근 연습해보아도 좋아요. 사진과 글만으로는 헷갈릴 수 있어서 1분짜리 영상도 함께 준비했어요. QR 코드를 스캔해서 바로 확인해보세요!

실 잡는 방법

처음 실을 잡을 때는 조금 불편하고 어색할 수 있어요. 하지만 손에 익으면 뜨개질이 더욱 편안해지고, 힘 조절도 수월해져요. 그럼 더 일정하게 완성도 높은 작품을 만들 수 있을 거예요.

1. 약지와 새끼손가락 사이에서 실을 가져옵니다.

2. 가져온 실을 새끼손가락에 한 번 감아주세요.

3. 약지와 중지를 지나서, 검지 뒤에서 앞으로 실을 가져옵니다.

4. 엄지와 중지로 실을 잡아주면 뜨개질할 준비가 됐습니다!

사슬뜨기

사슬뜨기는 코바늘 코의 '뿌리'라고 생각해주세요! 카드 지갑이나 파우치, 비니를 뜰 때도 사슬뜨기로 시작해서 다양한 기법을 더해 작품을 완성할 수 있어요.

1. 실 잡는 방법대로 실을 잡고 바늘을 실 아래로 가져옵니다.

2. 바늘을 밑에서 위로 한 바퀴 돌린 다음, 감은 부분을 잡아주세요.

3. 바늘에 실을 다시 감아주세요. 이때 바늘 고리는 바닥을 향하도록 합니다.

4. 아래쪽 고리 사이로 빼주면 시작매듭이 생깁니다(시작매듭은 사슬뜨기에 포함되지 않아요).

5. 다시 바늘에 실을 감습니다.

6. 통과시키면 V자 모양의 사슬이 만들어집니다.

7. V자 모양의 코를 보면서 개수를 확인해 주세요.

Tip.
뒤집었을 때 볼록한 부분은 '코 산'이라고 불러요.

짧은 뜨기

*실 잡는 방법부터 짧은뜨기까지의 자세한 영상입니다.

1. V자 모양의 코에 바늘을 넣습니다.

2. 바늘에 실을 걸어줍니다.

3. 실을 당겨 빼줍니다.

4. 다시 바늘에 실을 감습니다.

Tip.
어디에 찔러 넣을지 헷갈릴 때는 편물을 위에서 보세요. V자 모양의 코가 선명하게 보일 거예요!

5. 그대로 빼주면 짧은뜨기가 됩니다.

짧은뜨기 늘리기

1. 짧은뜨기를 한 번 해줍니다.

2. 같은 코에 다시 바늘을 넣습니다.

3. 짧은뜨기를 한 번 더 해주면 코가 늘어납니다.

Tip.
긴뜨기 늘리기, 한길긴뜨기 늘리기도 같은 방법으로 합니다.

짧은뜨기 줄이기

1. 줄이기 할 첫 코에 바늘을 넣어주세요.

2. 짧은뜨기하듯 실을 끌고 와주세요.

3. 이어서 옆 코에 바늘을 넣습니다.

4. 그대로 실을 끌고 와주세요.

5. 바늘에 실을 감아서 걸려 있는 3가닥을 전부 통과시켜줍니다.

6. 짧은뜨기 2코가 1코로 줄어들게 됩니다.

짧은뜨기 이랑뜨기

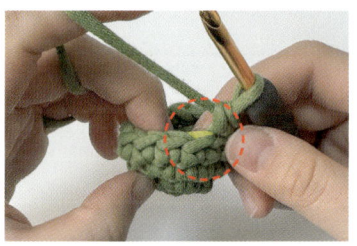

1. 표시한 곳이 바늘이 들어갈 위치입니다.

2. 뒤쪽 반 코에만 바늘을 넣습니다.

3. 바늘에 실을 걸어서 끌고 나옵니다.

4. 다시 실을 감아서 빼주면 이랑뜨기가 됩니다.

5. 이랑뜨기를 해주면 사진과 같이 선이 생깁니다.

짧은뜨기 앞이랑뜨기

1. 표시한 곳이 바늘이 들어갈 위치입니다.

2. 앞 반 코에 바늘을 넣습니다.

3. 바늘에 실을 걸어서 끌고 나옵니다.

4. 다시 실을 감아서 빼주면 앞이랑뜨기가 됩니다.

5. 앞이랑뜨기는 안쪽에 선이 생깁니다.

1. 바늘에 실을 감아줍니다. **2.** 코에 찔러 넣고 실을 걸어서 나옵니다.

3. 다시 바늘에 실을 감아줍니다. **4.** 3가닥을 전부 통과시켜주면 긴뜨기가 됩니다.

1. 바늘에 실을 감아줍니다. **2.** 코에 찔러 넣고 실을 걸어서 나옵니다.

3. 다시 바늘에 실을 감아줍니다. **4.** 앞에 2가닥을 먼저 통과시켜줍니다.

5. 다시 바늘에 실을 감아줍니다.

6. 남아 있는 2가닥을 통과시켜주면 한길긴 뜨기가 됩니다.

짧은뜨기 < 긴뜨기 < 한길긴뜨기 키 차이

이미 눈치채신 분도 있을 것 같은데요. 코 크기는 기법에 따라 달라집니다. 코가 가장 작은 짧은뜨기는 촘촘한 인형 혹은 작은 키링을 만들 때 자주 쓰입니다. 각 기법의 특징을 이해하면 다양하게 변형해서 나만의 도안을 만드는 데 도움이 될 거예요!

기법별로 달라지는 기둥사슬의 개수

기둥사슬은 단을 시작할 때 뜨개코와 같은 높이로 만들어주는, 말 그대로 기둥 역할입니다. 단을 시작할 때는 기둥사슬을 만들어줘야 모양이 일정하게 나와요.

- 가장 작은 짧은뜨기는 기둥사슬 1개로 시작합니다. 이때 만든 기둥사슬은 콧수에 포함하지 않아요.
- 긴뜨기에서 기둥사슬은 사슬뜨기 2개, 한길긴뜨기는 기둥사슬 3개로 시작합니다.

* 긴뜨기와 한길긴뜨기에서는 대부분 기둥코가 첫 코 역할을 합니다. 하지만 책 속 일부 작품에서는 대체하지 않는 것도 있으니 도안을 잘 확인해주세요!

한길긴뜨기 줄이기

1. 바늘에 실을 감아서 코에 넣고 실을 가져옵니다.

2. 다시 한번 바늘에 실을 감아서 앞에 2가닥을 먼저 통과시켜주세요.

3. 한 번 더 실을 감아서 옆 코에 바늘을 넣습니다.

4. 다시 실을 걸고 빼줍니다(바늘에 실이 4가닥 걸려 있어야 해요).

5. 실을 감아서 앞에 2가닥을 먼저 통과시킵니다.

6. 마지막으로 실을 감아서 남은 3가닥을 통과시키면 한길긴뜨기 줄이기가 됩니다.

빼뜨기

1. 빼뜨기할 코에 바늘을 넣습니다.

2. 실을 걸어서 나옵니다.

3. 바늘에 걸린 실을 통과시켜줍니다.

31

1. 꼬리실이 오른쪽을 향하도록 잡습니다.

2. 검지에 실을 바깥쪽으로 두 바퀴 감아주세요.

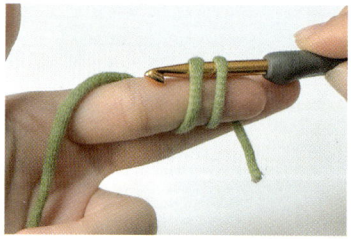

3. 감아준 실 사이에 바늘을 넣습니다.

4. 바늘에 실을 걸어서 감아준 실 밖으로 빼줍니다. **Tip.** 이때 왼손 엄지로 실을 가볍게 고정해주세요.

5. 다시 바늘에 실을 감아줍니다.

6. ④에서 생긴 고리 사이로 바늘을 빼줍니다.

7. 완성된 고리를 바늘과 같이 잡고 조심스럽게 빼면 매직링이 완성됩니다.

*매직링 만들기부터 마무리까지 포함된 영상입니다.

Tip. 매직링에 코를 뜰 때 중지에 매직링을 끼워서 떠주면 쉽게 풀리지 않아요.

1. 매직링에 필요한 코를 모두 떠줬으면 이제 구멍을 모아볼게요.

2. 코바늘을 살짝 당겨서 뺍니다(코가 풀리는 걸 막기 위해서예요).

3. 코가 생긴 부분을 잡고 살짝 돌리면 실 2가닥이 보입니다. **Tip.** 실이 잘 안 보이면 처음과 마지막에 뜬 코를 잡고 모아주듯 당기세요.

4. 꼬리실을 살짝 조심스럽게 당겨주세요. 이때 어떤 실이 움직이는지 확인합니다 (2가닥 중 한 가닥만 움직입니다).

5. 움직인 실을 잡고 당겨주면 반대쪽 실이 숨겨집니다.

6. 꼬리실을 잡고 끝까지 당겨주면 구멍이 모아지면서 매직링이 마무리됩니다.

7. 늘려놓은 고리에 다시 바늘을 넣고 실을 당겨주면 계속 뜨개할 준비 완료!

1. 바늘에 실을 감아서 코에 넣고 실을 감아서 끌고 나옵니다.

2. 다시 바늘에 실을 감아서 앞에 2가닥을 먼저 통과시키면 미완성 한길긴뜨기가 됩니다.

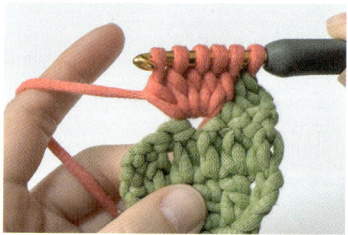

3. 같은 코에 ①~②를 4번 더 반복하면 바늘에 6개의 고리가 걸립니다.

4. 실을 감아서 바늘에 걸린 6개의 고리를 한 번에 다 통과시켜줍니다.

5. 볼록한 모양의 구슬뜨기가 생깁니다.

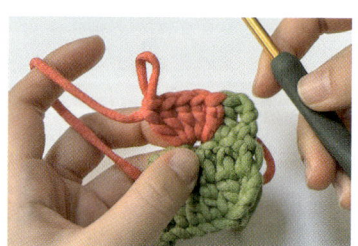

1. 같은 코에 한길긴뜨기 5코를 떠주세요.

2. 마지막 코를 뜨고 바늘을 당겨 고리를 늘려주고 바늘을 빼줍니다.

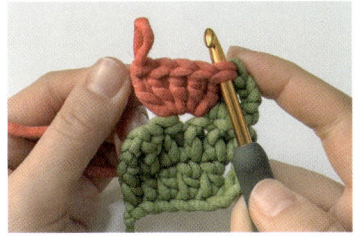

3. 첫 번째 한길긴뜨기 코 머리에 바늘을 넣습니다.

4. ②에서 늘려놓은 고리에 다시 바늘을 넣고 빼뜨기하듯 실을 끌고 나옵니다.

5. 팝콘뜨기는 더 입체적인 모양의 코를 만들어줍니다.

두길 긴뜨기

1. 바늘에 실을 두 번 감아줍니다.

2. 코에 찔러 넣고 실을 걸어서 나옵니다.

3. 실을 감아서 앞에 2가닥 먼저 통과시킵니다.

4. 다시 실을 감아서 앞에 2가닥을 통과시킵니다.

5. 마지막으로 한 번 더 실을 감아서 남은 2가닥을 통과시켜주세요.

실 색상 바꾸기

뜨개질을 하다 보면 다른 색상으로 실을 바꿔야 하는 순간이 많은데요. 코를 뜨는 중간에 새로운 실로 바꿔주면 감쪽같이 연결돼요. 예시는 짧은뜨기지만, 다른 기법도 방법은 유사합니다.

1. 실 색상을 바꾸기 전, 마지막 코를 남겨둡니다.

2. 바늘을 마지막 코에 넣고 기존 색상의 실을 걸고 나옵니다.

3. 새로운 색상의 실을 감아서 빼주세요.

4. 기존 실의 늘어난 부분을 당겨서 코 크기를 맞춰줍니다.

5. 새로운 실로 계속 진행합니다(빼뜨기를 한 모습).

6. 이렇게 실 색상도 자유롭게 바꿔보세요!

실 연결하기

다 쓰거나 끊어진 실을 연결할 때 쓰는 방법이에요. 정말 간단하지만 풀리지 않는 확실한 방법이죠! 분홍색이 기존 실이고, 연두색이 새로운 실입니다.

1. 기존 실을 위쪽에 두고 교차해서 잡아주세요.

2. 기존 실을 잡고 새로운 실을 아래로 한 번 감아주세요.

3. 기존 실을 다시 새로운 실 위로 잡아서 매듭 묶듯이 감아줍니다.

4. 이제 양쪽 실을 두 가닥씩 잡고 당깁니다.

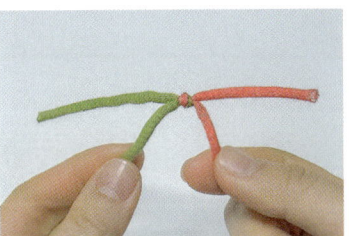

5. 풀리지 않을 만큼 단단하게 연결되었습니다.

6. 꼬리실은 가위로 짧게 잘라서 정리해주세요.

원형뜨기 마무리하기

입체적인 모양을 마무리할 때 구멍을 모아주는 방법입니다.

1. 돗바늘에 꼬리실을 꿰고 앞이랑뜨기하듯 앞 반 코에 돗바늘을 통과시킵니다.

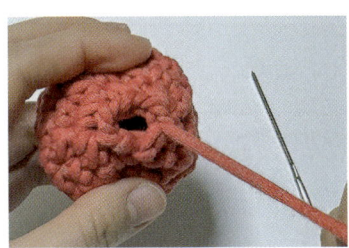

2. 6개의 코에 각각 통과시킨 다음 실을 끝까지 당겨줍니다.

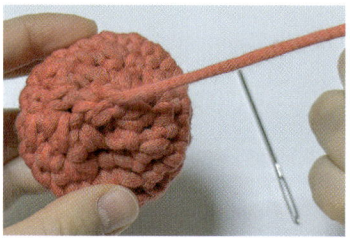

3. 구멍이 없어진 상태에서 다시 남은 실을 돗바늘에 끼웁니다.

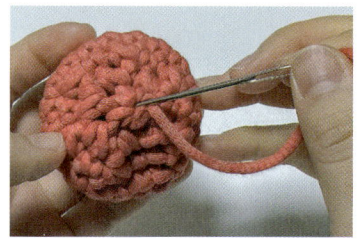

4. 돗바늘을 가운데로 넣고 편물 뒤로 빼주세요(저는 주로 빼뜨기 자국에서 빼요).

5. 남은 실을 가위로 잘라줍니다.

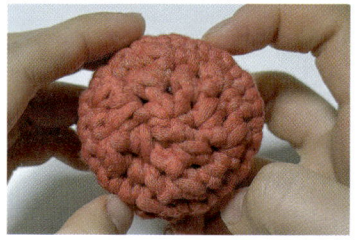

6. 실 끝을 정리해주면 원형뜨기가 마무리 됩니다.

평면뜨기 마무리하기

납작한 작품을 마무리할 때 실을 숨기는 방법입니다. 실이 풀리지 않게 한 번 묶어준 다음 예쁘게 숨겨봅시다!

1. 돗바늘에 꼬리실을 꿰고 첫 코 머리에 찔러 넣어 실을 뒤로 보냅니다.

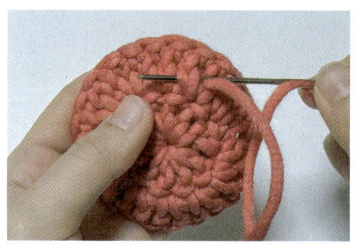

2. 코 틈 사이로 돗바늘을 넣습니다.

3. 이때 생긴 링 안으로 다시 한번 돗바늘을 넣고 당겨줍니다.

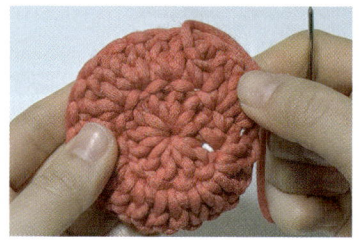

4. 매듭이 완성되었습니다.

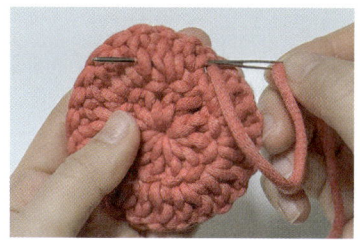

5. 주변 코 틈 사이로 바늘을 넣고 3~4코 정도 통과시킵니다.

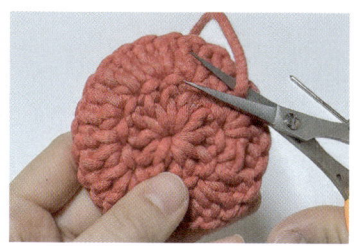

6. 돗바늘을 당겨준 다음 실을 짧게 잘라주세요.

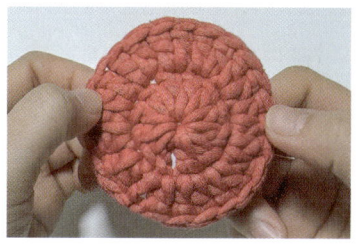

7. 실이 깔끔하게 정리됐습니다.

티 안 나는 짧은뜨기 줄이기

솜이 들어가는 작품을 만들 때는 이 방법으로 줄여보세요. 틈이 더 작아져서 완성도가 훨씬 높아집니다.

1. 앞이랑뜨기하듯 앞 반 코에만 바늘을 넣습니다.

2. 바로 옆 코의 앞 반 코에도 바늘을 넣어줍니다.

3. 실을 걸어서 앞에 두 가닥만 빼주세요.

4. 다시 바늘에 실을 감아서 나머지 두 가닥도 통과시킵니다.

인형 눈 연결하기

뜨개 인형을 만들 때에는 단추눈과 나사눈을 많이 사용하는데요. 제가 생각하는 장단점은 다음과 같아요. 용도에 따라 선택해주세요!

단추눈	나사눈
- 바느질로 꿰매서 부착하는 형식 - 장점: 위치 조절이 쉬움 - 단점: 쉽게 빠지고 연결이 귀찮음	- 와셔를 결합해서 고정하는 형식 - 장점: 간단하고 단단히 고정할 수 있음 - 단점: 위치 조절이 쉽지 않음

단추눈

1. 단추눈 1개를 바느질용 실에 넣어 준비합니다.

2. 눈을 연결할 위치를 시침핀으로 표시해주세요.

3. 작은 돗바늘에 실을 꿰고 시침핀 표시한 곳 한쪽에서 반대쪽으로 빼주세요.

4. 오른쪽 눈의 위치가 잡힐 때까지 살살 당겨주세요.

5. 반대쪽에서 나온 실 중 한 가닥에만 단추눈을 넣습니다.

6. 매듭을 묶어서 자리를 잡아주세요.

7. 왼쪽 눈이 나온 구멍에 돗바늘을 넣고 뒤쪽으로 빼서 실을 묶고 정리합니다.

8. 단추눈이 잘 연결되었습니다.

🟢 나사눈

나사눈은 눈알과 와셔를 함께 끼워 고정하는 방식이기 때문에, 솜을 넣기 전에 미리 끼워주는 거 잊지 마세요!

1. 나사눈과 와셔, 연결할 작품을 준비해주세요.

2. 원하는 위치에 코 틈 사이로 나사눈을 양쪽 다 끼워 넣습니다.

3. 나사눈 뒤에 와셔를 똑 소리가 날 때까지 꾹 눌러서 고정합니다.

4. 나사눈이 연결된 모습입니다.

Holly's Crochet Essay

홍대 옥탑방에
작업실 구한 이야기

홍대에 뜨개 작업실이 있다고 하면 대부분 신기하게 생각해요.
수업하는 공방도 아니고, 실 가게도 아닌 혼자 뜨개하는 작업실이라니.
제가 왜 뜨개 작업실을 만들었는지 늘 이야기하고 싶었어요.

많은 분이 나만의 아지트를 만들고 싶어 하죠.
저도 '나이가 들면 나만의 공간을 만들어서 내가 좋아하는 것들로 가득 채우고
싶다'는 꿈이 있었어요.

영국 한 달 살기와 유럽 여행을 다녀온 후,
다음에는 미국 여행을 가고 싶다는 생각으로 열심히 돈을 모았는데,
막상 목표 금액을 달성하니 미국에서 한 달 여행하는 것보다
나만의 공간을 만드는 데 쓰고 싶다는 생각이 들더라고요.

먼저 작업실 위치는 낭만이 넘치는 동네인 홍대를 선택했어요.
홍대에는 뜨개 숍, LP 가게, 맛집, 공연장 등 제가 좋아하는 다양한 공간이 모여 있어서
다른 후보는 아예 생각지도 않았죠.
공유 오피스나 셰어 작업실도 고민했지만,
제가 원하는 '나만의 아지트 조건'에 부합하는 곳은 없었어요.
'나만의 아지트 조건' 체크리스트는 다음과 같습니다.

☐ 월세는 50만 원 이하로!
☐ 음악을 크게 틀어놓고 일할 수 있는 곳.
☐ 안전한 공간! 잠금장치 필수!
☐ 자유롭게 취사, 취식 가능.
☐ 실 보관할 공간이 넉넉해야 함.
☐ 지인들을 초대했을 때 편안한 공간.
☐ 겨울에는 따뜻한 곳.

위 조건을 충족하는 공간은 원룸뿐이었어요.
자취 경험이 없어서 모든 과정이 새로운 도전이었고,
홍대에서 월세 50만 원 이하인 방을 구하는 게 쉽지 않았지만,
선택지가 적어 오히려 빠르게 결정을 내릴 수 있었어요.

그렇게 처음으로 부동산을 방문해 앱에서 찜해둔 집을 직접 살펴봤는데,
이 공간이라면 저의 꿈을 맘껏 펼칠 수 있을 것이라는 확신이 들어
바로 가계약금을 걸고 계약까지 일사천리로 진행했습니다.

그 장소가 바로 지금의 옥탑방 작업실이에요.
탁 트인 공간 덕분에 계절의 변화를 가까이 느낄 수 있겠더라고요.
처음에는 옥탑방에 대한 로망이 크게 없었지만,
꼼꼼히 살펴보니 정말 낭만이 넘쳐흐르는 공간이었어요.

옥탑방 작업실을 만들고 한동안은 뜨개보다 다른 일에 몰두했어요.
뜨개만큼 요리를 좋아하는 저는 작업실에 친구들을 초대해 요리를 대접하는
집들이, 아니 '작들이'를 약 3개월 동안 무려 30번 넘게 진행했어요. 하하.

도우를 직접 반죽해 피자도 만들고,
소문난 빵순이답게 소금빵, 베이글, 포카치아, 스콘도 구워주고,
매일 재료에 따라 달라지는 파스타와 샐러드까지!
제가 좋아하는 사람들에게 한 상 가득 차려주는 재미에 푹 빠졌답니다.
인스타 구독자님인 뜨개 친구들도 추첨으로 초대해 맛있는 음식을 대접하고,
함께 뜨개하는 시간도 가졌어요.
이렇게 많은 분의 웃음소리와 온기 덕분에 언제 와도 따뜻한 분위기의 작업실이 되었답니다.

앞으로 이 작업실에서 더 많은 창작 활동을 하며, 여러분도 초대하고 싶어요.
내가 꿈꾸던 나만의 아지트에서 여러분과 함께하는 그날을 기대하며,
앞으로도 다양한 활동을 계속 보여드릴게요.

Step3

Key Rings for Beginner

입문자를 위한 기초 키링

코바늘뜨기를 처음 시작하는 분들을 위한 쉬운 작품들이에요. 이 작품들로 연습하다 보면 코바늘이 금세 손에 익을 거예요. 만드는 법은 간단하지만 어디에나 잘 어울리고 선물하기도 좋은 작품들이니 여러 번 만들면서 코바늘의 매력에 푹 빠져보세요!

내가 뜨개를 시작하게 된 계기

생애 첫 코바늘 완성품입니다
(놀랍게도 식빵입니다…)

뜨개질을 시작한 지 4년, 뜨개 콘텐츠를 만든 지 약 3년이 되었어요.
그동안 다양한 사람들을 만나면서 가장 많이 들은 질문이 있습니다.
바로 "홀리 님은 어떻게 뜨개를 시작하셨나요?"입니다.

저는 22살 겨울, 소품 숍에서 본 뜨개 케이스가 너무 예뻐서
뜨개에 관심을 가지게 되었어요.
빠른 실행력으로 그날 바로 실과 바늘을 주문했죠.
왠지 뜨개가 저랑 잘 맞을 것 같다는 강한 예감으로
가장 비싼 에티모 코바늘을 구입했습니다(물론 단품으로요ㅎㅎ).

어릴 때부터 손으로 만드는 것은 뭐든 좋아했지만, 코바늘 뜨개는 처음이었어요.
하지만 예상과 달리 영상을 보며 따라 한 첫 번째 뜨개질은
가장 기초 기법인 '사슬뜨기'부터 너무 어려워서 1단에서 진도가 나가지 않았습니다.
영상을 확대하고 돌려보고 0.5배속으로 재생해도 이해가 안 되더라고요.
그날, 뜨개의 높은 입문 장벽에 혼자 좌절하고 포기했어요.

그렇게 실과 바늘을 6개월 넘게 방치하다가
어느 날 불현듯 생각나서 다시 도전했더니,
(지금 보면 엉망진창이지만) 어찌어찌 모양이 나오기 시작했어요.
약 세 시간 넘게 끙끙대며 겨우 식빵 수세미 한 장을 만들었습니다.

**다이소 실로 만든
삐뚤빼뚤 파우치**

얇은 실로 이렇게 모양이 나오는 게 너무 신기하기도 하고,
생애 첫 작품이라 뿌듯했어요.
그날부터 코바늘에 대한 욕심이 생겼습니다.
바늘도 세트로 갖고 싶고, 실도 한가득 사고 싶었어요.
만들어보고 싶은 위시리스트는 금방 50개가 넘더라고요.
이렇게 뜨개의 매력에 푹 빠져버렸고,
지금도 여전히 같은 마음으로 뜨개를 사랑하고 있습니다.

단지 뜨개 케이스가 갖고 싶었을 뿐인데,
이렇게 '뜨개로운 삶'을 살고 있는 지금이 여전히 신기합니다.
저의 꿈은 여러분과 함께 뜨개하면서, 기타도 치는 멋쟁이 할머니가 되는 것입니다:)

이번 장에서는 입문자를 위한 쉬운 키링 도안을 준비했습니다.
여러분과 함께 뜨개 여행을 시작할 수 있어서 정말 행복하고 영광입니다.
생각보다 쉽지 않은 순간도 있겠지만, 답답할 때는 잠시 바늘을 내려놓고 쉬어가세요.
다시 뜨개가 생각나면 그때 또 즐겁게 도전해주세요.
뜨개가 저에게 줬던 행복을 여러분도 느끼시길 바라며,
첫 뜨개 도전을 응원합니다.

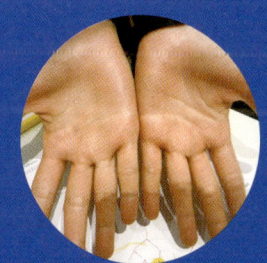

**손에 땀날 때까지
뜨개질 파이팅!**

처음 코바늘 뜨개에 도전하는 분들이 가장 많이 만드는 네잎클로버입니다. 행운의 상징인 네잎클로버는 소중한 사람에게 선물하기에도 좋답니다. 이 작품으로 매직링 만드는 법을 연습하며 코바늘과 친해져보세요. 다양하게 응용하는 방법도 알려드릴게요!

01
행운은 만드는 거야! 네잎클로버 키링

난이도

잎
매직링, (사슬뜨기 3, 한길긴뜨기 2, 사슬뜨기 3, 빼뜨기)×4
잎을 뜨고 배식링을 조아줍니다.

줄기
사슬뜨기 4, 기둥사슬 1, 빼뜨기 4, 매직링 가운데에 빼뜨기
실을 자르고 정리해주세요.

* 영상과 책 도안은 줄기 부분이 조금 달라요.
  두 가지 버전으로 만들어봐도 좋아요.

네잎클로버

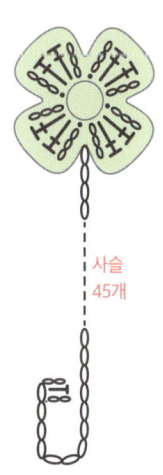
네잎클로버 책갈피

사슬 45개

> 잎

1. 매직링(p.32)을 만듭니다.
Tip. 매직링을 중지에 넣고 뜨면 흐트러지지 않아요!

2. 사슬뜨기를 3번 합니다.

3. 한길긴뜨기를 2번 합니다.

4. 다시 사슬뜨기를 3번 합니다.

5. 매직링 안에 빼뜨기를 해주면 잎이 1개 완성됩니다.

6. ②~⑤를 3번 더 반복해서 잎을 4개 만들어주세요.

> 줄기

7. 매직링 마무리(p.33)로 구멍을 없애주세요.

8. 다시 바늘을 넣고 사슬뜨기를 4번 합니다.

9. 기둥사슬을 1개 만듭니다.

10. 코바늘에서 두 번째 사슬부터 빼뜨기를 4번 합니다.

11. 매직링 가운데에 마지막으로 빼뜨기해주세요.

12. 실을 8cm 정도 남기고 잘라주세요.

13. 돗바늘로 꼬리실을 정리해주세요.

14. 네잎클로버 완성!

> 군번줄 연결하기

15. 원하는 위치에 군번줄을 끼워줍니다.

16. 군번줄 끝에 볼 체인을 연결합니다.

17. 네잎클로버 키링 완성!

이렇게도 만들 수 있어요

줄기 부분에서 사슬뜨기를 원하는 책의 길이만큼 만들고 (저는 약 45번 떠줬어요) 마지막 사슬에 기둥사슬 2개, 긴뜨기 1번, 기둥사슬 2개, 빼뜨기를 해주면 귀여운 네잎클로버 책갈피가 완성됩니다.

잎을 3개만 만들어서 줄기를 마무리해주면, 행복의 상징인 세잎클로버로 완성할 수 있어요:) 줄기 길이는 취향에 맞게 조절해서 세상에 하나뿐인 클로버를 만들어보세요!

Holly's 꿀팁

"홀리님, 제 네잎클로버는 잎이 너무 제각각이라 이상해요!" 가끔 이런 메시지를 받는데요, 그럴 때 필요한 팁을 알려드릴게요.

첫 번째! 사슬 크기를 작고 일정하게 만들어보세요.
- 사슬 크기가 너무 크고 제각각이면 모양이 찌그러집니다.

두 번째! 손으로 모양을 잘 만져보세요.
- 부드러운 뜨개실을 만져서 내가 원하는 모양으로 잘 잡아주는 것도 정말 중요해요. 저도 늘 뜨개를 하고 나면, 조물조물 만져가면서 원하는 형태에 가까워지게 모양을 잡아줘요.

(이렇게 했는데도 모양이 마음에 들지 않는다면, DM으로 사진과 고민을 보내주세요!)

자투리 실로 만들기 좋은 귀여운 하트입니다.
키링 고리를 달아서 선물하거나 소품에 붙여
포인트를 주기에도 좋아요. 매직링 안에 코가
많이 들어가니까 잘 당겨가면서 떠주세요!

02
작지만 활용도 최고!
하트 키링

난이도

하트

매직링, 사슬뜨기 3, 한길긴뜨기 3, 긴뜨기 3,
사슬뜨기 1, 한길신느기 1, 사슬느기 1, 긴뜨기 3, 한길긴뜨기 3, 사슬뜨기 3, 빼뜨기

실을 자르고 정리해주세요.

1. 매직링을 만들어줍니다.

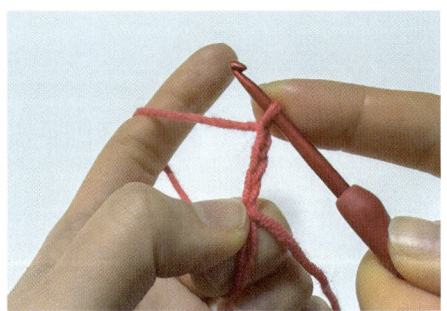

2. 사슬뜨기를 3번 합니다.

3. 한길긴뜨기를 3번 합니다.

4. 긴뜨기를 3번 합니다.

5. 사슬뜨기 1번, 한길긴뜨기 1번, 사슬뜨기 1번을 이어서 합니다.

6. 다시 긴뜨기 3번, 한길긴뜨기 3번을 합니다.

7. 사슬뜨기를 3번 합니다.

8. 매직링 안에 빼뜨기해서 모양을 잡아줍니다.

9. 매직링을 모으고 실을 잘라 정리합니다.

10. 하트가 완성되었습니다.

11. 군번줄이나 키링 고리를 연결하면 하트 키링이 됩니다.

Holly's 꿀팁

다른 뜨개 작품이나 소품에 라벨처럼 붙여서 장식해보세요!

가방에 대롱대롱 달고 다니면 친구들에게 주목받는 해파리 키링이에요. 인형실로 만들면 귀엽고, 반짝반짝 특수사로 만들면 힙한 분위기가 도드라져요. 벽에 붙이거나 여기저기 걸어서 멋진 인테리어 소품으로도 활용해보세요!

03
너 좀 힙하다? 해파리 키링

난이도

해파리 갓

1단(6): 매직링, 짧은뜨기 6, 빼뜨기
2단(12): 기둥사슬, 늘리기 6, 빼뜨기
3단(15): 기둥사슬, (짧은뜨기 3, 늘리기 1)×3, 빼뜨기
4~5단(15): 기둥사슬, 짧은뜨기 15, 빼뜨기
6단: *프릴(사슬 2 - 빼뜨기)×15

실을 자르고 정리해주세요.

해파리 촉수

a: 사슬뜨기 30개×2
b: 사슬뜨기 40개

같은 색상의 실을 약 12cm 정도 잘라서 촉수 3줄을 모아서 가운데를 묶고, 해파리와 이어줍니다.

갓

1. 모든 단은 기둥사슬 1개로 시작해서 빼뜨기로 마무리합니다. **1단(6)**: 매직링을 만들고 짧은뜨기 6번을 한 다음 빼뜨기합니다.

2. **2단(12)**: 늘리기 6번 하고 빼뜨기해서 2단을 만듭니다.

3. **3단(15)**: 짧은뜨기 3번과 늘리기 1번을 3번 반복한 다음 빼뜨기합니다.

4. **4~5단(15)**: 짧은뜨기 15번을 한 다음 빼뜨기합니다.

5. **6단**: 사슬뜨기 2번 한 다음 같은 코에 빼뜨기합니다.

6. 남아 있는 14개의 코도 같은 과정을 반복합니다.

7. 한 바퀴 돌려서 떠주면 프릴 모양이 생깁니다.

8. 돗바늘로 꼬리실을 정리해주세요.

> 촉수

9. 사슬뜨기로 30~40개씩 뜬 다음 실을 잘라줍니다 (저는 30개 2개, 40개 1개 준비했어요).

10. 실을 한 뼘가량 잘라서 촉수 가운데를 묶어줍니다.

11. 촉수 끝은 실을 잘라 정리해주세요.

12. 돗바늘로 해파리 안쪽에 촉수를 끼우고 묶어서 연결합니다.

13. 돗바늘로 꼬리실을 정리해주면 해파리 완성!

14. 4mm 눈알을 4단과 5단 사이 2코 간격으로 끼워줍니다.

15. 더 귀여운 해파리가 되었습니다.

이렇게도 만들 수 있어요

다양한 종류의 특수사가 합쳐진 합사실을 이용하면 더 특별한 해파리를 만들 수 있습니다(구입처는 p.15 '알아두면 좋은 실 소개'에서 확인하실 수 있어요!).

Holly's 꿀팁

O고리 키링 연결하기

이제 완성된 작품에 키링 고리를 연결해볼까요?
고리의 모양과 색상도 다양하니, 취향에 맞게 골라보세요!

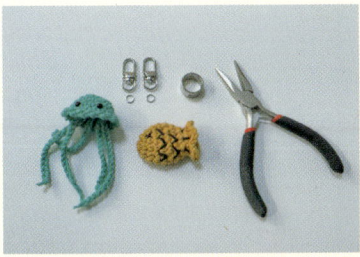

1. 키링 고리, 오링, 오링 반지, 펜치 그리고 연결할 작품을 준비합니다.

2. 한 손에 오링 반지를 끼고 펜치로 오링을 잡아 벌려줍니다.

3. 원하는 위치에 오링을 끼웁니다.

4. 키링 고리를 오링과 연결합니다.

5. 오링을 닫아주면 완성!

혹시 붕어빵 좋아하세요? 붕어빵은 제가 가장 사랑하는 겨울 간식이어서 이 키링을 만들게 되었어요! 이제는 매년 겨울마다 뜨개인들 사이에서 가장 인기 있는 키링이 되었답니다. 다양한 색상의 실로 녹차맛, 딸기맛, 초코맛 등 내가 좋아하는 맛의 붕어빵을 만들어보세요.

04
최고의 겨울 선물, 붕어빵 키링

난이도

몸통(로미오실 74번, 진한 겨자색)

1단(6): 매직링, 짧은뜨기 6, 빼뜨기
2단(9): 기둥사슬, (짧은뜨기 1, 늘리기 1)×3, 빼뜨기
3단(12): 기둥사슬, (짧은뜨기 2, 늘리기 1)×3, 빼뜨기
4단(15): 기둥사슬, (짧은뜨기 3, 늘리기 1)×3, 빼뜨기
5단(15): 기둥사슬, 짧은뜨기 15, 빼뜨기
6단(12): 기둥사슬, (짧은뜨기 3, 줄이기 1)×3, 빼뜨기
7단(12): 기둥사슬, 짧은뜨기 12, 빼뜨기
8단(6): 기둥사슬, 줄이기 6, 빼뜨기
9단(12): 기둥사슬, 늘리기 6, 빼뜨기
10단: 한 코 건너서 다음 코에 짧은뜨기 3코 늘리기, 다음 코에 빼뜨기,(빼뜨기, 짧은뜨기 3코 늘리기, 빼뜨기)×3 *꼬리

실을 자르고 정리해주세요.

무늬 만들기(줄리엣실 63번, 흑갈색)

눈: 3단
무늬: 5단, 7단
꼬리: 9단

붕어빵 무늬

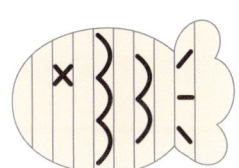

> 몸통

1. 모든 단은 기둥사슬로 시작하고 빼뜨기로 마무리합니다. **1단(6)**: 매직링을 만든 다음 짧은뜨기를 6번 합니다.

2. **2단(9)**: 짧은뜨기 1번과 늘리기 1번을 3번 반복합니다.

3. **3단(12)**: 짧은뜨기 2번과 늘리기 1번을 3번 반복합니다.

4. **4단(15)**: 짧은뜨기 3번과 늘리기 1번을 3번 반복합니다.

5. **5단(15)**: 짧은뜨기를 15번 반복합니다.

6. **6단(12)**: 짧은뜨기 3번과 줄이기 1번을 3번 반복합니다.

7. 7단(12): 짧은뜨기 12번을 반복합니다.

8. 8단(6): 짧은뜨기 줄이기를 6번 반복합니다.

> 꼬리

9. 9단(12): 짧은뜨기 늘리기를 6번 반복합니다.

10. 바로 다음 코에 바늘을 넣어주세요.

11. 같은 코에 짧은뜨기를 3번 해주는 짧은뜨기 3코 늘리기를 해주세요.

12. 다음 코에 빼뜨기해주면 꼬리 하나가 완성됩니다.

13. 다음 코에서부터 (빼뜨기, 짧은뜨기 3코 늘리기, 빼뜨기)를 3번 더 반복합니다.

14. 실을 짧게 잘라서 돗바늘로 정리해주세요.

무늬 자수

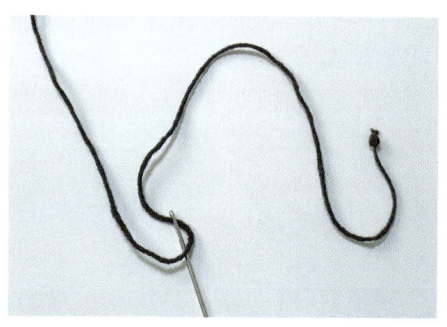

15. 원하는 색상의 실과 돗바늘을 준비하고 끝부분에 매듭을 만듭니다(p.72).

16. 붕어빵 안에 돗바늘을 넣고 3단의 코 사이로 빼주세요.

17. X자로 눈을 만들어줍니다.

18. 4단과 5단 사이에 실을 빼주고 2코 아래에 다시 들어가면 I자 무늬가 생깁니다.

19. 5단과 6단 사이 가운데 코에서 바늘을 빼주세요.

20. ⑱에서 만들어준 l자 실을 끌고 와서 방금 나온 코로 다시 들어가면 물결무늬가 됩니다.

21. 반복해서 무늬를 만들어줍니다.

22. 9단에 꼬리 무늬를 만들고 실을 잘라 정리해주세요.

23. 키링 고리를 연결하면 붕어빵 키링 완성! (p.65)

Holly's 꿀팁

돗바늘에 실 꿰고 매듭짓기

작품에 무늬를 넣거나 볼터치를 추가할 때, 실 끝부분에 매듭을 지어주면 쉽게 빠지지 않아요. 손에 한번 익혀두면 편한 매듭 묶는 법을 알려드릴게요!

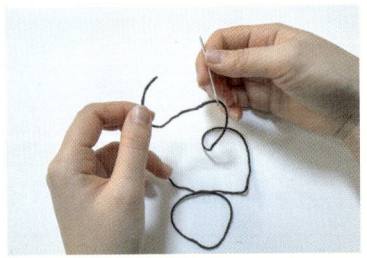

1. 돗바늘에 실을 꿰어주세요.

2. 실 한쪽 끝을 돗바늘 뒤로 짧게 보내서 잡아줍니다.

3. 바깥쪽으로 3~4바퀴 감아주세요(이것이 매듭의 굵기예요!)

4. 왼손으로는 바늘을 잡고 오른손으로는 감아준 실과 꿰어놓은 실을 잡아 당겨주세요.

5. 이렇게 끝부분에 매듭이 완성됩니다!

요즘 소품 숍에서 많이 보이는 귀여운 버섯 키링이에요! 색상 조합에 따라 다양한 느낌을 낼 수 있어서 만드는 과정이 정말 즐거워요. 연결하면서 자연스럽게 생기는 바느질 자국 같은 무늬도 매력적이랍니다. 다양한 색상의 실로 나만의 특별한 버섯을 완성해보세요!

05
생각보다 쉽네? 버섯 키링

난이도

로미오실 1번
로미오실 30번
코바늘 5/0호

버섯 갓(로미오실 30번, 주황빛빨강)

1단(6): 매직링, 짧은뜨기 6, 빼뜨기
2단(9): 기둥사슬, (짧은느기 1, 늘리기 1)×3, 빼느기
3단(12): 기둥사슬, (짧은뜨기 2, 늘리기 1)×3, 빼뜨기
4단(12): 기둥사슬, 짧은뜨기 12, 빼뜨기
5단(18): 기둥사슬, (짧은뜨기 1, 늘리기 1)×6, 빼뜨기
6~7단(18): 기둥사슬, 짧은뜨기 18, 빼뜨기
꼬리실을 50cm 남기고 잘라줍니다.

버섯 줄기(로미오실 1번, 흰색)

1단(6): 매직링, 짧은뜨기 6, 빼뜨기
2단(9): 기둥사슬, (짧은뜨기 1, 늘리기 1)×3, 빼뜨기
3단(9): 기둥사슬, 짧은뜨기 9, 빼뜨기
4단(6): 기둥사슬, (짧은뜨기 1, 줄이기 1)×3, 빼뜨기
5~6단(6): 기둥사슬, 짧은뜨기 6, 빼뜨기
7단(12): 기둥사슬, 늘리기 6, 빼뜨기
8단(18): 기둥사슬, (짧은뜨기 1, 늘리기 1)×6, 빼뜨기
실을 잘라서 정리해주세요.
갓과 줄기를 돗바늘로 연결하고 버섯 갓에 무늬를 만들면 귀여운 버섯이 완성됩니다!

버섯 갓

1. 모든 단은 기둥사슬로 시작하고 빼뜨기로 마무리합니다. **1단(6)**: 매직링에 짧은뜨기를 6번 합니다.

2. **2단(9)**: 짧은뜨기 1번과 늘리기 1번을 3번 반복합니다.

3. **3단(12)**: 짧은뜨기 2번과 늘리기 1번을 3번 반복합니다.

4. **4단(12)**: 짧은뜨기를 한 코에 하나씩 12번 합니다.

5. **5단(18)**: 짧은뜨기 1번과 늘리기 1번을 6번 반복합니다.

6. **6~7단(18)**: 짧은뜨기를 18번 반복합니다.

7. 꼬리실을 50cm 남기고 잘라줍니다.

8. 매직링의 꼬리실은 편물 안쪽에 넣어주세요.

무늬 만들기

9. 돗바늘에 흰색 실을 꿰고, 원하는 위치에 무늬를 넣어줍니다.

10. 여러 위치에 무늬를 만들어주세요.

버섯 줄기

11. 1단(6): 매직링에 짧은뜨기를 6번 합니다.

12. 2단(9): 짧은뜨기 1번과 늘리기 1번을 3번 반복합니다.

13. 3단(9): 짧은뜨기를 9번 합니다.

14. 4단(6): 짧은뜨기 1번과 줄이기 1번을 3번 반복합니다.

15. 5~6단(6): 짧은뜨기를 6번 반복합니다.

16. 7단(12): 짧은뜨기 늘리기를 6번 반복합니다.

> 이어주기

17. 8단(18): 짧은뜨기 1번과 늘리기 1번을 6번 반복하고, 실을 잘라서 정리해주세요.

18. 버섯 갓의 실을 돗바늘에 꿴 다음 안쪽에서부터 이어줄 준비를 합니다.

19. 버섯 갓과 줄기의 빼뜨기 자국을 맞춰서 연결해볼 게요.

20. 버섯 갓 안쪽으로 돗바늘을 통과시킵니다.

21. 버섯 줄기 안쪽으로도 돗바늘을 통과시켜주세요.

22. 같은 방법으로 한 코씩 끝까지 이어주세요.

23. 매듭을 묶고 실을 버섯 안쪽으로 숨긴 다음 잘라주 세요.

24. 버섯 완성!

25. 키링 고리를 연결하면 버섯 키링이 완성됩니다.

이렇게도 만들 수 있어요

고동색 실로 둥글고 납작한 갓을 만들면 표고버섯이 됩니다!

[표고버섯 갓] *줄기 부분은 동일합니다.

1단(6): 매직링, 짧은뜨기 6, 빼뜨기
2단(12): 기둥사슬, 늘리기 6, 빼뜨기
3단(18): 기둥사슬, (짧은뜨기 1, 늘리기 1)×6, 빼뜨기
4~6단(18): 기둥사슬, 짧은뜨기 18, 빼뜨기

멋쟁이 토마토가 되고 싶었지만, 크기가 작아서 귀염둥이 방울토마토가 되었다는 비하인드가 있답니다. 동글동글한 방울토마토를 만들면서 매직링을 마스터해봅시다!

06
귀염둥이 방울토마토 키링

난이도

로미오실 56번
로미오실 30번
코바늘 5/0호

*추가 준비물: 방울솜

1단(5): 매직링, 짧은뜨기 5, 빼뜨기
2단(10): 기둥사슬, 늘리기 5, 빼뜨기
3단(15): 기둥사슬, (짧은뜨기 1, 늘리기 1)×5, 빼뜨기
4단(15): 기둥사슬, 짧은뜨기 15, 빼뜨기
5단(20): 기둥사슬, (짧은뜨기 1, 늘리기 1, 짧은뜨기 1)×5, 빼뜨기
6단(15): 기둥사슬, (짧은뜨기 2, 줄이기 1)×5, 빼뜨기
7단(15): 기둥사슬, 짧은뜨기 15, 빼뜨기
8단(10): 기둥사슬, (짧은뜨기 1, 줄이기 1)×5, 빼뜨기 *솜 채우기
9단(5): 기둥사슬, 줄이기 5, 빼뜨기

실을 잘라서 돗바늘로 마무리해주세요.
초록색 실을 이용해 토마토 꼭지를 만들어주면 완성!

> 토마토 열매

1. 모든 단은 기둥사슬로 시작하고 빼뜨기로 마무리합니다. **1단(5)**: 매직링을 만들고 짧은뜨기를 5번 합니다.

2. **2단(10)**: 늘리기를 5번 합니다.

3. **3단(15)**: 짧은뜨기 1번과 늘리기 1번을 5번 반복합니다.

4. **4단(15)**: 짧은뜨기를 15번 합니다.

5. **5단(20)**: 짧은뜨기 1번과 늘리기 1번, 짧은뜨기 1번을 5번 반복합니다.

6. **6단(15)**: 짧은뜨기 2번과 줄이기 1번을 5번 반복합니다.

7. 7단(15): 짧은뜨기를 15번 합니다.

8. 8단(10): 짧은뜨기 1번과 줄이기 1번을 5번 반복합니다.

9. 솜을 채워줍니다.

10. 9단(5): 줄이기를 5번 합니다.

토마토 꼭지

11. 실을 자르고 돗바늘로 마무리해주세요.

12. 초록색 실을 약 30cm 정도 준비해주세요.

13. 돗바늘에 실을 꿰어서 1단 가운데로 통과시킵니다. 이때 실 끝을 남겨주세요.

14. 2단과 3단 사이로 바늘을 넣었다가 다시 1단 가운데로 실을 빼주세요.

15. 반복해서 무늬를 만들면 토마토 꼭지 모양이 완성됩니다.

16. 매듭을 2번 묶어줍니다(영상 22:22 참고).

17. 바늘을 다시 가운데로 넣어서 ⑬에서 남겨놓은 실과 묶어주세요.

18. 실을 자르고 숨겨주면 방울토마토 완성!

19. 원하는 키링 고리를 연결하면 방울토마토 키링이 완성됩니다.

저는 매일 아침, 계란프라이 두 개를 꼭 먹어야 해요!
계란을 사랑하는 마음으로 뜨개 키링도 만들었습니다. 반숙
계란프라이에 작은 프라이팬까지 더해져서 보는 것만으로도
든든하고 기분이 좋아지는 키링이에요. 가방이나 파우치에
달면, 기분 좋은 하루가 시작될 거예요.

07
써니사이드업 계란프라이 키링

난이도

*추가 준비물: 글루건

계란프라이
(로미오실 10번, 노란색 / 로미오실 1번, 흰색)

1단(6): 매직링, 짧은뜨기 6, 빼뜨기
2단(8): 기둥사슬, (짧은뜨기 2, 늘리기 1)×2, 빼뜨기
3단(8): 기둥사슬, 짧은뜨기 8, 빼뜨기
　　　*마지막 코에서 색상 변경
4단(12): 기둥사슬, (짧은뜨기 앞이랑뜨기 1, 앞이랑뜨기 늘리기 1)×4, 빼뜨기
5단(16): 기둥사슬, (짧은뜨기 2, 늘리기 1)×4, 빼뜨기
6단(20): 기둥사슬, 짧은뜨기 6, 긴뜨기 늘리기 4, 짧은뜨기 6, 빼뜨기

실을 잘라 정리해주세요.

프라이팬(로미오실 69번, 검정)

1단(6): 매직링, 짧은뜨기 6, 빼뜨기
2단(12): 기둥사슬, 늘리기 6, 빼뜨기
3단(18): 기둥사슬, (짧은뜨기 1, 늘리기 1)×6, 빼뜨기
4단(24): 기둥사슬, (짧은뜨기 2, 늘리기 1)×6, 빼뜨기
5단(30): 기둥사슬, (짧은뜨기 3, 늘리기 1)×6, 빼뜨기
6단: 기둥사슬, 짧은뜨기 이랑뜨기 28, (손잡이 사슬 12, 끝에서 6번째 사슬부터 짧은뜨기 7, 빼뜨기), 남은 두 코에 짧은뜨기 이랑뜨기 2, 빼뜨기
7단: 빼뜨기 27, 손잡이에 빼뜨기 7,

손잡이 구멍에 짧은뜨기 3, 손잡이 반대편에 빼뜨기 7, 남은 두 코에 빼뜨기 2

실을 자르고 정리해주세요

프라이팬과 계란후라이를 글루건으로 붙여주면 완성!
*키링 고리에 각각 연결해서 달아도 귀여워요 :)

1. 모든 단은 기둥사슬 1개로 시작해서 빼뜨기로 마무리합니다. **1단(6)**: 매직링을 만들고 짧은뜨기 6번을 합니다.

2. **2단(8)**: 짧은뜨기 2번과 늘리기 1번을 2번 반복합니다.

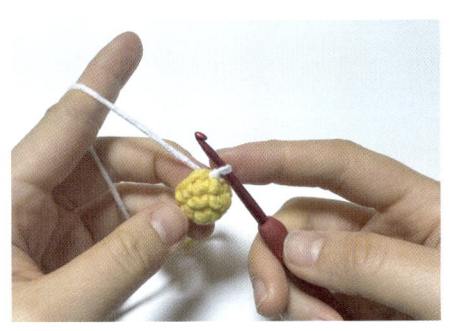

3. **3단(8)**: 한 코에 짧은뜨기 하나씩 해주고 마지막 코에서 흰색 실로 변경한 다음(p.36) 빼뜨기합니다.

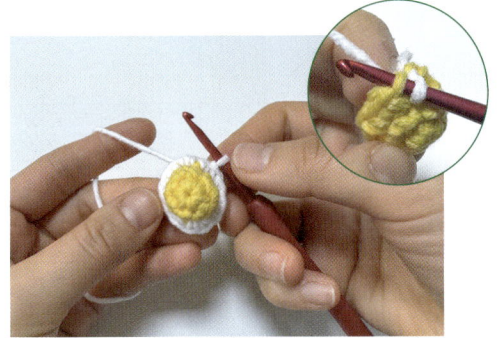

4. **4단(12)**: 짧은뜨기 앞이랑뜨기 1번과 앞이랑뜨기 늘리기 1번을 4번 반복합니다. **Tip.** 4단은 앞 반 코만 잡고 뜨는 앞이랑뜨기를 합니다.

5. **5단(16)**: 짧은뜨기 2번과 늘리기 1번을 4번 반복합니다.

6. 6단은 먼저 짧은뜨기 6번을 해준 다음 한 개의 코에 긴뜨기를 두 번 떠주는 긴뜨기 늘리기를 4번 반복합니다.

7. 남은 6개의 코에 짧은뜨기를 하나씩 해주고 빼뜨기 합니다.

8. 실을 자르고 돗바늘을 이용해 실을 정리해주세요.

9. 꼬리실을 노른자 안에 숨겨주고 노란색 꼬리실로 노른자를 막아주면 실이 깔끔하게 정리됩니다(영상 참고).

10. 계란프라이 완성!

프라이팬

11. 기본 도안을 보면서 5단까지 떠주세요.

12. 뒤에 반 코만 떠주는 이랑뜨기로 6단을 떠줍니다.

13. 이랑뜨기 짧은뜨기 28번을 해줍니다. **Tip.** 이때 프라이팬 옆면을 눌러서 모양을 잡아주세요.

14. 사슬뜨기를 12번 합니다.

15. 바늘 아래에서부터 6번째 사슬에 짧은뜨기를 1번 해줍니다(손잡이 구멍).

16. 남은 6개의 사슬에도 짧은뜨기를 1번씩 해주고 사슬이 시작된 코에 빼뜨기 1번 해주세요.

17. 남은 2개의 코에도 이랑뜨기 짧은뜨기를 각각 해주고 첫 코에 빼뜨기해서 6단을 마무리합니다.

18. 7단에서 빼뜨기 27번을 하면 손잡이 부분까지 옵니다.

19. 손잡이에도 빼뜨기를 7번 한 다음 ⑮에서 만든 구멍에 짧은뜨기를 3번 합니다.

20. 대칭이 되도록 빼뜨기를 7번 해줍니다.

21. 남아 있는 2개의 코에도 각각 빼뜨기를 하고 실을 잘라 7단을 마무리합니다.

22. 프라이팬에 글루건으로 계란프라이를 붙여주면 서니사이드업 완성!

23. 키링 고리에 달아주면 계란프라이 키링 완성!

Holly's Crochet Essay

24살에 만든 나만의 뜨개 브랜드
홀리랜드

"좋아하는 것을 일로 하면 취미를 잃는다"는 말, 다들 한 번쯤 들어본 적 있으시죠?
저도 이 생각에 동의했었는데, 신기하게도 뜨개는 할수록 더 재밌고 좋아지더라고요.
그래서 '뜨개가 직업이 되면 정말 행복할 것 같다!'는 생각이 자연스럽게 들었습니다.

그때부터 뜨개를 업으로 삼고 있는 사람들을 찾아보기 시작했어요.
직접 작품을 제작해 판매하는 분, 공방을 운영하며 뜨개를 가르치는 분,
도안을 디자인해 판매하는 분, 뜨개실을 수입하거나 염색해 판매하는 분 등.
뜨개만으로 수익을 내는 방법은 많지 않았지만,
뜨개에서 파생된 일을 직업으로 삼고 계신 분들은 쉽게 찾아볼 수 있었죠.

저는 항상 어떤 일에 도전할 때 '재미'를 최우선으로 생각하는데요,
'어떤 일을 해야 내가 가장 행복할까?' 고민하다가
2년간 뜨개 계정을 운영하면서 가장 많이 들었던 질문이 떠올랐습니다.

"저도 뜨개질을 해보고 싶은데, 뭐부터 사야 할까요?"
"이것도 필요해요? 사야 할 게 많아서 헷갈려요."
뜨개질에 입문하고 싶어 하는 분이 많았지만, 생각보다 진입 장벽이 높다는 걸 알게 되었어요.

그래서 처음 뜨개를 시작하는 분들을 위해 올인원(All-In-One) 키트를 기획하게 되었습니다.

저는 눈에 보이지 않거나 직접 해보지 않으면 상상으로는 기획이 어려워서,
일단 무엇이든 저질러보는 편이에요. 그래서 실행력이 빠르다는 말을 자주 듣죠.
(곧바로 결과물이 나오는 코바늘 뜨개에 빠져들게 된 것도 그런 성격 때문인 것 같아요.)

첫 번째 제품으로는 가장 많은 사랑을 받은 붕어빵 키링 키트를 만들었습니다.
붕어빵 키트는 구성품을 정하기 전에 박스 패키지 디자인부터 시작했어요.
A부터 Z까지 전부 혼자 만들어갔지만, 이 과정이 정말 즐거웠습니다.
저는 항상 '내가 언제 OO을 해보겠어!'라는 생각으로 살고 있어서,
처음 해보는 디자인도 '내가 언제 스티커 디자인을 해보겠어',
'내가 언제 상세페이지를 만들어보겠어'라는 마음으로 모든 것을 직접 진행했습니다.

물론 불안할 때도 있었지만, 제작 과정을 공유하며
많은 뜨개 친구의 응원을 받아 지치지 않고 해낼 수 있었어요.
미리 받은 알림 신청도 약 350명 이상이 참여해주셔서 큰 힘이 되었습니다.

브랜드를 준비하면서 창업 스쿨 데모데이에서 붕어빵 키트 제작 계획을 발표하기도 했습니다.
인생 첫 데모데이 발표라 떨렸지만, 유일무이한 키트라는 자신감과 확신으로 1등을 수상했습니다! (뜨개 붐은 온다!!)
이렇게 저의 브랜드는 시작부터 응원을 받으며 탄생했어요.

혼자 유튜브 강의를 보며 홈페이지도 만들고, 처음으로 사업자 등록도 했습니다.
이 과정에서 홀리공방, 홀리월드, 홀리뜨개방 등 다양한 브랜드 후보가 있었지만,
더 넓게 확장하고 싶은 포부를 담아 '홀리랜드'라는 이름으로 결정하게 되었습니다.

약 한 달을 준비한 끝에 붕어빵 키트가 세상에 나왔습니다.
1차 수량은 15분 만에 품절, 2차와 3차도 오픈 한 시간 만에 전량 매진.
붕어빵 키트로 뜨개질에 입문한 분이 무려 1,000명이 넘었다니…!
정말 감격스럽고 감사한 일이었어요.

홀리랜드라는 브랜드를 만들면서
'뜨개가 나에게 준 행복을 더 많은 사람과 나누고 싶다'고 다짐했습니다.
많은 분이 홀리랜드를 통해 코바늘 뜨개를 시작할 때 가장 큰 행복과 보람을 느낍니다.
언젠가 책을 쓰게 된다면 저의 브랜드 시작 이야기를 남기고 싶었는데,
이렇게 좋은 기회가 와서 행복합니다.

여러분도 새로운 일을 시작할 때 '내가 언제 이걸 해보겠어!'라는 생각으로,
게임 스테이지를 깨듯 한 단계씩 도전해보세요!
즐거운 마음으로 일을 하면 분명 더 많이 배우게 될 거예요.
이 책이 여러분에게 뜨개 입문을 함께한 친구로 기억되길 바라며,
앞으로도 뜨개의 재미를 알리는 활동을 많이 보여드릴게요.

Step4

Key Rings for Gift

선물하기 좋은 키링

이제 코바늘 뜨개에 조금 익숙해졌다면, 조금 더 난이도 있는 작품으로 넘어가볼까요? 지금부터 만들 키링도 어렵지는 않지만 Step3에서 만든 작품들보다는 다양한 기법을 사용해요. 그만큼 완성도가 높아요! 주변의 소중한 사람들에게 선물할 생각을 하면서 하나씩 즐겁게 완성해봅시다.

선물하는 기쁨을 다시 알려준 코바늘

제가 코바늘 뜨개에 빠지게 된 가장 큰 이유는 바로
'선물하는 기쁨' 때문이에요.

저는 어렸을 때 베이킹이 취미여서 매일 빵과 과자를 구웠어요.
제가 만든 빵을 가족들이 맛있게 먹어줄 때, 그리고 친구들에게 나눠줄 때
가장 행복하더라고요.
하지만 바쁜 일상으로 인해 오랫동안 베이킹을 못하면서
마음 한편에 늘 아쉬움이 있었어요.

그러다 코바늘 뜨개를 시작하면서 나눔의 기쁨을 다시 느끼게 되었답니다.
코바늘 작품은 오랫동안 간직할 수 있어서 더욱 의미가 있더라고요.

독서가 취미인 친구에게는 책갈피를 만들어주고,
피자 러버에게는 좋아하는 토핑이 가득 올라간 피자 키링을,
볼링을 좋아하는 친구에게는 볼링핀과 공을 만들어줬어요.

이렇게 손뜨개로 각자의 취향에 맞춘 다양한 선물을 할 수 있습니다.
제가 뜬 선물을 받을 때 환하게 웃어준 친구들 덕분에
코바늘 뜨개는 저의 최애 취미가 되었어요.
특히 바로 가방에 달거나 잘 사용해줄 때 정말 뿌듯해요ㅎㅎ

이번 장에 소개할 작품들은 모두 선물했을 때
인기가 많았던 아이템으로 구성해봤어요.
여러분도 뜨개가 주는 나눔의 기쁨과 즐거움을 꼭 경험해보세요!

여행을 더 특별하게 하는 방법

뜨개를 시작한 이후,
여행에서 만날 새로운 인연들을 위해 뜨개 키링을 만드는 습관이 생겼어요.
여행 전에 미리 준비하기도 하고, 여행 중에 즉석으로 만들기도 해요.
최근에는 혼자 여행하는 중에 만나는 분들에게 네잎클로버 키링을 나눠드렸는데,
그분들이 행복해하는 모습을 보니 저도 정말 기뻤어요.
이렇게 언제 어디서나 행복을 만들 수 있는 취미라니!
뜨개질은 할수록 더 좋아져요.
앞으로도 이 작은 나눔이 더 많은 사람에게 행복을 전해주길 바라며,
언제나 뜨개 선물을 준비할 거예요!
여러분께 저의 뜨개 선물이 전해지는 그날까지!

영화 <에브리씽 에브리웨어 올 앳 원스>를 인상 깊게 보고, 집에 오자마자 실과 바늘을 잡고 돌멩이를 만들었어요. 한창 '쓸데없는 선물하기'가 유행하면서 반려돌도 많이 주고받더라고요. 우리는 직접 떠서 세상에 하나뿐인 나만의 반려돌을 만들어봐요!

01 모두가 탐내는 돌멩이 키링

난이도

로미오실 67번
눈 스티커 10mm/12mm
코바늘 5/0호

*추가 준비물: 방울솜

1단(6): 매직링, 짧은뜨기 6, 빼뜨기
2단(12): 기둥사슬, 늘리기 6, 빼뜨기
3단(18): 기둥사슬, (짧은뜨기 1, 늘리기 1)×6, 빼뜨기
4단(19): 기둥사슬, 짧은뜨기 2, 늘리기 1, 짧은뜨기 15, 빼뜨기
5단(20): 기둥사슬, 짧은뜨기 2, 늘리기 1, 짧은뜨기 16, 빼뜨기
6단(21): 기둥사슬, 짧은뜨기 2, 늘리기 1, 짧은뜨기 17, 빼뜨기
7단(22): 기둥사슬, 짧은뜨기 2, 늘리기 1, 짧은뜨기 18, 빼뜨기
8단(22): 기둥사슬, 짧은뜨기 22, 빼뜨기
9단(18): 기둥사슬, (짧은뜨기 3, 줄이기 1)×4, 짧은뜨기 2, 빼뜨기
10단(14): 기둥사슬, (짧은뜨기 2, 줄이기 1)×4, 짧은뜨기 2, 빼뜨기
11단(10): 기둥사슬, (짧은뜨기 1, 줄이기 1)×4, 짧은뜨기 2, 빼뜨기 *솜 채우기
12단(5): 기둥사슬, 줄이기 5, 빼뜨기

실을 자르고 돗바늘로 마무리합니다.
눈 스티커를 붙여주면 나만의 반려돌 완성!

1. 도안을 보며 12단까지 떠줍니다.

2. 눈 스티커 10mm, 12mm를 준비해 4단과 5단 사이에 붙여주세요.

3. 돌멩이 완성!

이렇게도 만들 수 있어요

돌멩이에게 이끼 머리카락을 만들어주면 더 귀엽게 변신해요!

1. 연두색 수면사를 돗바늘에 꿰어줍니다.

2. 돌멩이 위쪽에서 꿰매 장식해줍니다.

3. 이끼 머리카락이 생겼습니다!

'겨울 간식을 뜨개로 만들어야지!' 다짐하고, 붕어빵 다음으로 고구마 키링을 만들었어요. 저는 고구마를 정말 좋아해서 사계절 내내 즐겨 먹지만, 추운 겨울에 호호 불면서 먹는 군고구마가 제일 맛있어요! 다양한 표정을 가진 나만의 군고구마를 만들어보세요.

호호 불어 먹는 고구마 키링

난이도

- 눈 단추 4mm(단추눈)
- 로미오실 24번
- 로미오실 10번
- 코바늘 5/0호, 6/0호

*추가 준비물: 방울솜

고구마 속 (로미오실 10번, 노란색 / 코바늘 5호)

1단(4): 매직링, 짧은뜨기 4, 빼뜨기
2단(6): 기둥사슬, (짧은뜨기 1, 늘리기 1)×2, 빼뜨기
3단(9): 기둥사슬, (짧은뜨기 1, 늘리기 1)×3, 빼뜨기
4단(12): 기둥사슬, (짧은뜨기 2, 늘리기 1)×3, 빼뜨기
5~8단(12): 기둥사슬, 짧은뜨기 12, 빼뜨기
9단(9): 기둥사슬, (짧은뜨기 2, 줄이기 1)×3, 빼뜨기
  *솜 소량 채우기
10단(6): 기둥사슬, (짧은뜨기 1, 줄이기 1)×3, 빼뜨기
11단(4): 기둥사슬, (짧은뜨기 1, 줄이기 1)×2, 빼뜨기
실을 자르고 돗바늘로 마무리해서 완성합니다.

고구마 껍질 (로미오실 24번, 인디핑크 / 코바늘 6호)

매직링 꼬리실을 길게 남기고 시작해주세요.

1단(4): 매직링, 짧은뜨기 4, 빼뜨기
2단(6): 기둥사슬, (짧은뜨기 1, 늘리기 1)×2, 빼뜨기
3단(9): 기둥사슬, (짧은뜨기 1, 늘리기 1)×3, 빼뜨기
4단(12): 기둥사슬, (짧은뜨기 2, 늘리기 1)×3, 빼뜨기
5~8단(12): 기둥사슬, 짧은뜨기 12, 빼뜨기
9단(12): 손에 힘을 풀고 빼뜨기 11번

실 끝을 조금 남기고 잘라서 돗바늘로 정리해주세요.

남겨놓은 고구마 껍질 꼬리실을 고구마에 통과시켜서 합체하고, 4단과 5단 사이에 눈 단추를 연결한 다음 고구마 볼터치도 만들면 나만의 고구마 완성!

1. 도안을 보면서 고구마 속과 고구마 껍질을 완성합니다.

2. 돗바늘에 고구마 껍질의 꼬리실을 꿰고 고구마와 연결한 다음 껍질 안으로 고구마를 넣어줍니다.

3. 끝을 남긴 실의 올을 풀어 머리카락을 만듭니다.

4. 눈단추를 4단과 5단 사이 2코 간격으로 꿰매 줍니다.

5. 돗바늘에 분홍색 실을 꿰어 눈 밑에 볼터치를 만듭니다.

이렇게도 만들 수 있어요

눈 단추가 없으면 검은색 실로 나만의 개성 있는 표정을 만들어보세요!

109

여러분은 팥 붕어빵과 슈크림 붕어빵 중 어떤 걸 더 좋아하나요? 붕어빵 키링을 만들면서 속이 보이면 재밌겠다는 생각에 한입 먹은 붕어빵을 만들어봤어요. 겨울마다 참여하는 플리마켓에서 늘 100개 이상 판매될 만큼 인기 있는 키링이에요. 다양한 실로 여러 가지 맛을 표현해보세요!

03
한입 먹은 붕어빵 키링

난이도

붕어빵 속
(로미오실 63번, 흑갈색 / 로미오실 10번, 노란색)

1단(6): 매직링, 짧은뜨기 6, 빼뜨기
2단(9): 기둥사슬, (짧은뜨기 1, 늘리기 1)×3, 빼뜨기
3~7단(9): 기둥사슬, 짧은뜨기 9, 빼뜨기
8단(6): 기둥사슬, (짧은뜨기 1, 줄이기 1)×3, 빼뜨기
실을 자르고 돗바늘로 마무리해서 완성합니다.

붕어빵 반죽(로미오실 74번, 진한겨자)

1단(6): 매직링, 짧은뜨기 6, 빼뜨기
2단(9): 기둥사슬, (짧은뜨기 1, 늘리기 1)×3, 빼뜨기
3단(12): 기둥사슬, (짧은뜨기 2, 늘리기 1)×3, 빼뜨기
4단(15): 기둥사슬, (짧은뜨기 3, 늘리기 1)×3, 빼뜨기
5단(15): 기둥사슬, 짧은뜨기 15, 빼뜨기
6단(15): 기둥사슬, 긴뜨기 11, 사슬뜨기 3, 3코 건너 긴뜨기 1, 빼뜨기
7단(15): 기둥사슬, 짧은뜨기 15, 빼뜨기
8단(12): 기둥사슬, (짧은뜨기 3, 줄이기 1)×3, 빼뜨기
9단(6): 기둥사슬, 줄이기 6, 빼뜨기
10단(12): 기둥사슬, 늘리기 6, 빼뜨기
11단(12): (한 코 건너 긴뜨기 3코 늘리기, 빼뜨기)×4
실을 잘라서 돗바늘로 정리해주세요.

붕어빵 반죽에 속을 넣고 흑갈색 실로 무늬를 만들어주면 완성!

1. 도안을 보면서 원하는 색으로 붕어빵 속을 만들어주세요.

2. 도안을 보면서 반죽의 5단까지 떠주고, 6단에서 긴뜨기를 11번 하고 사슬뜨기를 3번 합니다.

3. 3코 건너서 마지막 코에 긴뜨기 1번을 하고 빼뜨기해서 6단을 마무리합니다.

4. 7단에서 짧은뜨기를 11번 한 다음, 6단에서 생긴 구멍에 짧은뜨기를 3번 하고, 나머지 1번은 마지막 긴뜨기 코에 해줍니다.

5. 7단까지 뜨면 한입 먹은 자국(구멍)이 생깁니다.

6. 도안을 참고해 8~11단까지 떠주면 반죽이 완성됩니다.

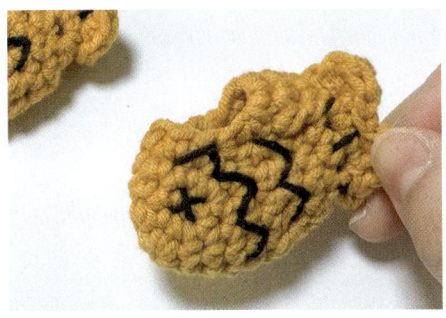

7. 줄리엣실을 돗바늘에 꿰어 무늬를 만들어줍니다 (p.71).

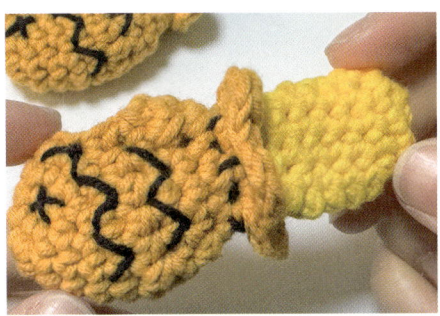

8. ①의 붕어빵 속을 넣어주세요.

9. 한입 먹은 붕어빵 완성!

10. 키링 고리를 연결하면 키링이 완성됩니다.

11. 다양한 색상으로 나만의 붕어빵을 만들어보세요!

영화 〈해리포터〉 시리즈에서 노예로 살던 도비가 주인에게 양말을 받고 자유를 얻는 장면이 퇴사 짤로 유명해지면서, 양말이 작은 자유의 상징이 되었어요. 그래서 저도 퇴사 혹은 졸업하는 친구들에게 양말을 하나씩 떠주고 있답니다! 자유를 찾아 떠나는 친구들을 위해 작은 양말 키링을 선물해보세요!

04
자유를 축하하며! 양말 키링

난이도 ✤♡♡

1단(6): 매직링, 짧은뜨기 6, 빼뜨기
2단(12): 기둥사슬, 늘리기 6, 빼뜨기
3단(12): 기둥사슬, 짧은뜨기 12, 빼뜨기 *마지막 코에서 색상 변경
4~7단(12): 기둥사슬, 짧은뜨기 12, 빼뜨기 *7단의 마지막 코에서 색상 변경
8단: *발꿈치 기둥사슬, 긴뜨기 6
9단: 편물을 뒤집어서 기둥사슬, 긴뜨기 6
10단(12): 다시 편물을 뒤집어서 기둥코, 짧은뜨기 5, 줄이기 1 *색상 변경, 짧은뜨기 5, 줄이기 1, 빼뜨기
11~15단(12): 기둥사슬, 짧은뜨기 12, 빼뜨기 *15단의 마지막 코에서 색상 변경
16단(12): 기둥사슬, 짧은뜨기 12, 빼뜨기

실을 잘라서 정리해주세요.

1. 도안을 보면서 9단까지 떠주세요. **Tip.** 배색 부분은 영상 도안을 보면서 뜨세요.

2. 10단 첫 번째 줄이기는 마지막 긴뜨기 코와 긴뜨기 옆면을 같이 잡고 줄여줍니다. 이때 실 색상도 바꿔주세요.

3. 10단 두 번째 줄이기도 마지막 짧은뜨기 코와 긴뜨기 옆면을 같이 잡고 줄여줍니다.

4. 10단이 끝나면 발뒤꿈치 부분이 생깁니다.

5. 16단까지 떠서 실을 정리하면 양말 완성!

어릴 적 좋아하던 만화에서 주인공이 푸딩을 먹는 장면을 볼 때마다 무슨 맛일지 상상하면서 궁금해했던 기억이 있어요. 기대가 너무 컸는지, 실제로 먹어보니 상상했던 맛과는 다르더라고요. 그럼에도 푸딩을 보면 여전히 어린 시절이 떠오릅니다.

05
만화에 나올 것 같은 푸딩 키링

난이도

*추가 준비물: 방울솜

푸딩(로미오실 9번, 연노랑)

1단(6): 매직링, 짧은뜨기 6, 빼뜨기
2단(12): 기둥사슬, 늘리기 6, 빼뜨기
3단(18): 기둥사슬, (짧은뜨기 1, 늘리기 1)×6, 빼뜨기
4단(18): 기둥사슬, 짧은뜨기 이랑뜨기 18, 빼뜨기
5단(15): 기둥사슬, (짧은뜨기 4, 줄이기 1)×3, 빼뜨기
6단(15): 기둥사슬, 짧은뜨기 15, 빼뜨기
7단(12): 기둥사슬, (짧은뜨기 3, 줄이기 1)×3, 빼뜨기

실을 자르고 안쪽으로 숨겨서 마무리해주세요.

캐러멜 소스(로미오실 60번, 카라멜)

1단(6): 매직링, 짧은뜨기 6, 빼뜨기
2단(12): 기둥사슬, 늘리기 6, 빼뜨기

실을 길게 남기고 잘라주세요.

푸딩에 솜을 소량 채우고 돗바늘로 푸딩과 푸딩 소스를 반 코씩 찔러가며 이어주세요. 이때 실을 너무 당기면 모양이 찌그러집니다.

푸딩 접시(로미오실 34번, 파스텔블루)

1단(12): 매직링, 긴뜨기 12, 빼뜨기
2단(24): 기둥사슬, 긴뜨기 늘리기 12, 빼뜨기

실을 잘라서 정리해주세요.

크림과 딸기
(로미오실 1번, 흰색 / 로미오실 30번, 주황빛빨강)

매직링, 짧은뜨기 3, 빼뜨기
연결할 실을 남기고 잘라주세요.

크림과 딸기, 접시까지 이어서 연결해주면 푸딩 완성!

1. 도안을 보면서 푸딩과 캐러멜 소스 부분을 완성해주세요.

2. 푸딩에 솜을 소량 채우고 캐러멜 소스의 꼬리실을 돗바늘에 끼워주세요.

3. 돗바늘을 반 코씩 찔러가며 푸딩과 캐러멜 소스를 이어주세요.

4. 같은 방식으로 크림과 딸기를 순서대로 연결합니다.

5. 접시도 돗바늘 혹은 글루건을 이용해 붙여줍니다.

6. 푸딩 완성!

봄과 어울리는 화사하고 귀여운 벚꽃 키링이에요. 키링 고리 없이도 바로 달 수 있게 사슬뜨기로 고리를 만들어줬어요. 벚꽃 키링을 만들다 보면 통통한 팝콘 스티치를 능숙하게 만들 수 있게 될 거예요.

작지만 확실한 포인트!
벚꽃 키링

난이도

로미오실 10번

로미오실 23번

코바늘 5/0호

꽃술(로미오실 10번, 노란색)

매직링, 짧은뜨기 5, 빼뜨기

빼뜨기할 때 꽃잎 색상으로 변경해주세요.

꽃잎(로미오실 23번, 진분홍)

(사슬뜨기 3-한길긴뜨기 3코 팝콘뜨기-사슬뜨기 3-빼뜨기)×5

고리

사슬뜨기 20, 첫 번째 짧은뜨기 코에 빼뜨기

고리 길이는 원하는 만큼 조절해주세요.

실을 잘라서 정리해주세요.

1. 매직링을 만들고 짧은뜨기 5번을 한 다음 진분홍색 실로 바꿔 빼뜨기해주세요.

2. 사슬 3개를 만들어주세요.

3. 첫 코에 한길긴뜨기를 3번 하고 바늘을 당겨서 실을 늘여주세요.

4. 3번째 사슬에 바늘을 넣은 다음 늘여놓은 실을 끌고 오는 팝콘뜨기(p.34)를 합니다.

5. 다시 사슬 3개를 만들어주세요.

6. 같은 코에 빼뜨기합니다(③~⑥번 전부 같은 코에서 진행).

7. ②~⑥을 반복해서 한 코에 꽃잎 한 개씩 꽃잎 5개를 만들어주세요.

8. 사슬 20개를 떠서 고리를 만들어줍니다.

9. 첫 번째 꽃잎이 나온 코에 바늘을 넣습니다.

10. 빼뜨기하고 실을 잘라 돗바늘로 정리해주세요.

11. 벚꽃 키링 완성!

이렇게도 만들 수 있어요

네잎클로버 책갈피 만들기(p.55)처럼 마지막 사슬을 길게 만들어주면 화사한 벚꽃 책갈피가 완성됩니다.

닌텐도의 '동물의 숲'이라는 게임을 아시나요? 저는 이 게임을 무척 좋아하는데요, 이 세계에서는 무를 랜덤한 가격에 자유롭게 사고팔 수 있어서 무주식이란 표현이 생겨났습니다. 친구들에게 이 의미를 설명하며 무 키링을 선물했더니 반응이 정말 뜨거웠어요!

난이도 ✤♢♢

07
200만 뷰!
화제의 무 키링

무(로미오실 43번, 탁한라임 / 로미오실 1번, 흰색)

1단(5): 매직링, 짧은뜨기 5, 빼뜨기

2단(10): 기둥사슬, 이랑뜨기 늘리기 5, 빼뜨기
　　　*마지막 코에서 색상 변경

3단(15): 기둥사슬, (짧은뜨기 1, 늘리기 1)×5, 빼뜨기

4~8단(15): 기둥사슬, 짧은뜨기 15, 빼뜨기

9단(10): 기둥사슬, (짧은뜨기 1, 줄이기 1)×5, 빼뜨기

10단(5): 기둥사슬, 줄이기 5, 빼뜨기

실을 잘라 돗바늘로 마무리해주고, 남은 실로는 무 뿌리를 표현해주세요.

줄기(로미오실 56번, 밝은초록)

무 1단 남아 있는 반 코에 떠주기

(기둥사슬 3-기둥사슬-빼뜨기-긴뜨기-빼뜨기-다음 코에 빼뜨기)×5

실을 자르고 정리해주세요.

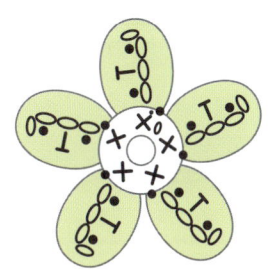

1. 도안을 보면서 1단을 뜨고 2단에서 뒤에 반 코에만 떠주는 이랑뜨기 늘리기를 5번 반복합니다. 마지막 코에서 색상 변경해주세요.

2. 10단까지 뜨고 돗바늘로 마무리한 다음 실을 약 4cm 남기고 잘라서 실 가닥을 잘라 무 뿌리를 만들어줍니다.

3. 줄기는 1단에 남아 있는 반 코에 떠줍니다.

4. 키링 고리를 달아주면 무 키링 완성!

이렇게도 만들 수 있어요

로미오실 28번(와인자주)으로 1단부터 6단까지 똑같이 뜨고, 바로 9, 10단을 이어서 떠주면 통통한 비트 키링도 만들 수 있습니다.

당근 키링을 만들면서 당근마켓 거래를 하러 갈 때 달고 가면 재밌겠다는 생각이 들었어요. 머리핀 부자재를 붙여서 당근 머리핀을 만들어도 정말 귀여운 액세서리가 됩니다. 당근을 만들고 뜨개가 하고 싶을 때는 당근 키링을 흔들어주세요!

혹시… 당근이세요?
당근 키링

난이도

로미오실 15번
로미오실 75번
로미오실 47번
코바늘 5/0호, 6/0호

당근(로미오실 15번, 오렌지)

1단(3): 매직링, 짧은뜨기 3, 빼뜨기
2단(6): 기둥사슬, 이랑뜨기 늘리기 3, 빼뜨기
3단(12): 기둥사슬, 늘리기 6, 빼뜨기
4~6단(12): 기둥사슬, 짧은뜨기 12, 빼뜨기
7단(9): 기둥사슬, (짧은뜨기 2, 줄이기 1)×3, 빼뜨기
8~10단(9): 기둥사슬, 짧은뜨기 9, 빼뜨기
11단(6): 기둥사슬, (짧은뜨기 1, 줄이기 1)×3, 빼뜨기
12단(6): 기둥사슬, 짧은뜨기 6, 빼뜨기
13단(3): 기둥사슬, 줄이기 3, 빼뜨기
실을 자르고 정리해주세요.

잎(로미오실 47번, 연두)

당근 1단 남아 있는 반 코에 바늘 넣고
(사슬뜨기 6, 기둥사슬, 짧은뜨기 6, 다음 코에 빼뜨기)×3
실을 자르고 정리해주세요.

흙(로미오실 75번, 테디베어)

돗바늘에 테디베어색 실 소량을 꿰어 당근에 흙 무늬를 표현합니다.

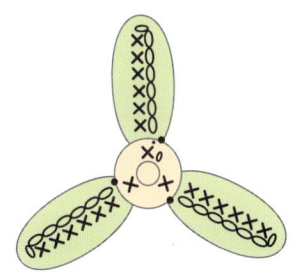

1. 도안을 보면서 13단까지 떠주세요.

2. 당근 1단 반 코에 연두색 실을 연결합니다.

3. 사슬 6개와 기둥사슬 1개를 떠줍니다.

4. 짧은뜨기를 6번 하고 다음 코에 빼뜨기해줍니다.

5. ③~④를 2번 더 반복해 당근 잎을 만들어줍니다.

6. 실을 자르고 정리해주세요.

7. 테디베어색 실을 이용해 흙 묻은 당근을 표현해도 귀여워요.

8. 원하는 키링 고리를 달아서 당근 키링으로 완성해보세요!

이렇게도 만들 수 있어요

머리핀 부자재를 붙여주면 귀여운 당근 머리핀이 됩니다.

제주도 여행 갈 때 만든 한라봉 키링이에요. 같이 가는 친구들에게 하나씩 선물했더니, 공항부터 여행 기분이 나서 모두 좋아했던 기억이 나네요. 제주도에 갈 계획이 있다면 꼭 만들어보세요!

09
제주도 여행에는 역시! 한라봉 키링

난이도 🍀🤍🤍

*추가 준비물: 방울솜

한라봉(로미오실 15번, 오렌지)

1단(9): 매직링, 짧은뜨기 9, 빼뜨기
2~3단(9): 기둥사슬, 짧은뜨기 9, 빼뜨기
4단(12): 기둥사슬, (이랑뜨기 짧은뜨기 2, 이랑뜨기 늘리기 1)×3, 빼뜨기
5단(16): 기둥사슬, (짧은뜨기 2, 늘리기 1)×4, 빼뜨기
6~8단(16): 기둥사슬, 짧은뜨기 16, 빼뜨기
9단(12): 기둥사슬, (짧은뜨기 2, 줄이기 1)×4, 빼뜨기
    *솜 채우기
10단(8): 기둥사슬, (짧은뜨기 1, 줄이기 1)×4, 빼뜨기
11단(4): 기둥사슬, 줄이기 4, 빼뜨기
실을 자르고 돗바늘로 정리해주세요.

잎(로미오실 47번, 연두)

(사슬뜨기 2, 기둥사슬, 짧은뜨기 1, 빼뜨기)×2
처음 빼뜨기한 코에 다시 빼뜨기하고, 연결할 실을 남기고 잘라줍니다.

한라봉과 잎을 이어주면 완성!

1. 도안을 보면서 한라봉을 11단까지 떠줍니다.

2. 초록색 실로 사슬뜨기 2번, 기둥사슬, 짧은뜨기 1번, 빼뜨기 1번 해서 잎을 만듭니다.

3. ②를 한 번 더 반복합니다.

4. ②에서 빼뜨기했던 사슬에 다시 빼뜨기합니다.

5. 사슬뜨기를 1번 더 해서 잎을 완성합니다. 연결할 실을 남기고 잘라주세요.

6. 한라봉과 잎을 연결해주세요.

7. 한라봉 5단과 6단 사이에 2코 간격으로 눈 단추를 달아줍니다.

8. 키링 고리 달아주면 한라봉 키링 완성!

제목을 보고 작은 미소라도 지으셨다면 정말 감사합니다. 사실 저는 아재 개그를 좋아해서 가끔 이렇게 말하면 나이를 의심받기도 해요. 하하. 감 키링을 만들면서 유머 감각도 키워보겠습니다. 감 키링을 추석 선물에 같이 넣어 보내면 어르신들께 사랑받을 수 있어요.

난이도 🍀🍀🍀

감 떨어질 때 만드는
감 키링

*추가 준비물: 방울솜

감(로미오실 75번, 테디베어 / 로미오실 15번, 오렌지)

1단(4): 매직링, 짧은뜨기 4, 빼뜨기
2단(6): 기둥사슬, (이링뜨기 짧은뜨기 1, 이링뜨기 늘리기 1)×2, 빼뜨기 *마지막 코에서 색상 변경
3단(12): 기둥사슬, 늘리기 6, 빼뜨기
4단(18): 기둥사슬, (짧은뜨기 1, 늘리기 1)×6, 빼뜨기
5단(24): 기둥사슬, (짧은뜨기 1, 늘리기 1, 짧은뜨기 1)×6, 빼뜨기
6~9단(24): 기둥사슬, 짧은뜨기 24, 빼뜨기
10단(18): 기둥사슬, (짧은뜨기 2, 줄이기 1)×6, 빼뜨기
11단(12): 기둥사슬, (짧은뜨기 1, 줄이기 1)×6, 빼뜨기
   *솜 채우기
12단(6): 기둥사슬, 줄이기 6, 빼뜨기
실을 자르고 돗바늘로 마무리합니다.

꼭지(로미오실 51번, 올리브그린)

1단 남아 있는 반 코에
(사슬 2-한길긴뜨기 1- 사슬 1-한길긴뜨기 1- 사슬 2- 빼뜨기, 다음 코에 빼뜨기)×4

실을 자르고 정리해줍니다.

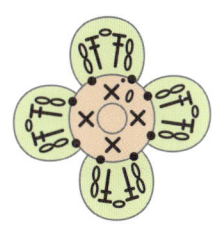

1. 도안을 보며 솜 채우기까지 마무리합니다.

2. 남아 있는 감 1단 반 코에 바늘을 넣어줍니다.

3. 올리브그린색 실로 한 코에 (사슬 2-한길긴뜨기 1-사슬 1-한길긴뜨기 1-사슬 2-빼뜨기)를 해줍니다.

4. 다음 코에 빼뜨기해주세요.

5. 방금 빼뜨기한 코부터 ③~④를 3번 더 반복해 잎을 4개 만듭니다.

6. 원하는 키링 고리를 달아서 감 키링을 완성합니다.

왠지 억울하게 생겨서 볼수록 미소가 지어지는 귀여운 강아지예요. 강아지를 좋아하는 친구에게 선물하면 정말 반응이 좋더라고요. 보르조이 키링으로 친구들에게 행복을 선물해보세요!

11
코가 기이이이인 보르조이 키링

난이도

*추가 준비물: 방울솜

코+얼굴(로미오실 69번, 검정 / 로미오실 1번, 흰색)

1단(6): 매직링, 짧은뜨기 6, 빼뜨기
2단(9): 기둥사슬, (짧은뜨기 1, 늘리기 1)×3, 빼뜨기
3단(9): 기둥사슬, 짧은뜨기 9, 빼뜨기
　　*마지막 코에서 색상 변경
4~5단(9): 기둥사슬, 짧은뜨기 9, 빼뜨기
6단(12): 기둥사슬, (짧은뜨기 2, 늘리기 1)×3, 빼뜨기
7~8단(12): 기둥사슬, 짧은뜨기 12, 빼뜨기
9단(15): 기둥사슬, (짧은뜨기 3, 늘리기 1)×3, 빼뜨기
10~12단(15): 기둥사슬, 짧은뜨기 15, 빼뜨기
13단(18): 기둥사슬, (짧은뜨기 4, 늘리기 1)×3, 빼뜨기
14~16단(18): 기둥사슬, 짧은뜨기 18, 빼뜨기
17단(15): 기둥사슬, (짧은뜨기 4, 줄이기 1)×3, 빼뜨기
18단(12): 기둥사슬, (짧은뜨기 3, 줄이기 1)×3, 빼뜨기
19단(9): 기둥사슬, (짧은뜨기 2, 줄이기 1)×3, 빼뜨기
　　*솜 채우기
20단(6): 기둥사슬, (짧은뜨기 1, 줄이기 1)×3, 빼뜨기
실을 자르고 돗바늘로 마무리합니다.

귀(X2)(로미오실 1번, 흰색)

1단(6): 매직링, 짧은뜨기 6, 빼뜨기
2단(9): 기둥사슬, (짧은뜨기 1, 늘리기 1)×3, 빼뜨기
3~6단(9): 기둥사슬, 짧은뜨기 9, 빼뜨기
7단(6): 기둥사슬, (짧은뜨기 1, 줄이기 1)×3, 빼뜨기
연결할 실을 약간 남기고 잘라줍니다.

얼굴 17단과 18단 사이에 귀를 연결하고
15단과 16단 사이에 눈을 연결해서 완성합니다.

1. 도안을 보면서 코+얼굴을 완성해주세요.

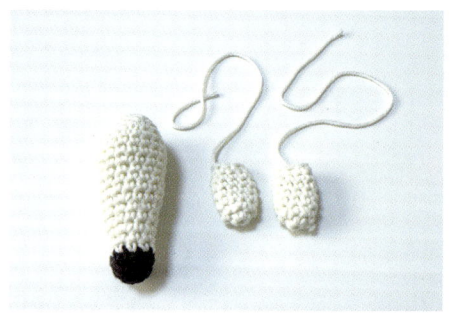

2. 도안을 보면서 귀를 2개 만들어줍니다.

3. 17단과 18단 사이에서 얼굴과 귀를 연결합니다.
Tip. 이때 시침핀으로 위치를 고정한 후 연결해주면 균형이 맞아요!

4. 바느질용 실과 돗바늘, 단추눈을 준비합니다.

5. 15단과 16단 사이에 4코 간격으로 단추눈을 연결합니다.

6. 원하는 키링 고리를 달면 보르조이 키링 완성!

방실방실 웃고 있는 개구리 키링을 달고 다니면 볼 때마다 같이 웃게 돼요. 이 키링이 일상에서 작은 행복을 더해주는 존재가 되길 바라는 마음으로 만들었어요. 크기가 작고 만드는 방법이 간단해 금방 완성할 수 있으니 꼭 만들어보세요!

난이도 ✿✿✾

항상 행복한 스마일 개구리 키링

개구리 얼굴(로미오실 47번, 연두색)

1단(6): 매직링, 짧은뜨기 6, 빼뜨기
2단(12): 기둥사슬, 늘리기 12, 빼뜨기
3단(18): 기둥사슬, (짧은뜨기 1, 늘리기 1)×6, 빼뜨기
4~7단(18): 기둥사슬, 짧은뜨기 18, 빼뜨기
8단(12): 기둥사슬, (짧은뜨기 1, 줄이기 1)×6, 빼뜨기
9단(6): 기둥사슬, 줄이기 6, 빼뜨기
실을 자르고 돗바늘로 마무리합니다.

눈(X2)

1단(6): 매직링, 짧은뜨기 6, 빼뜨기
2~3단(6): 기둥사슬, 짧은뜨기 6, 빼뜨기
연결할 실을 남기고 잘라주세요.

개구리 눈에 눈 단추를 고정하고, 개구리 얼굴 2단과 3단에 눈을 연결합니다.
검정 실과 진분홍 실로 입과 볼터치를 만들어주면 개구리가 완성됩니다.

1. 도안을 보면서 개구리 얼굴과 눈 2개를 완성해주세요.

2. 완성된 눈에 나사눈을 각각 부착해줍니다.

3. 얼굴 2단과 3단 사이에 개구리 눈을 연결해주세요.

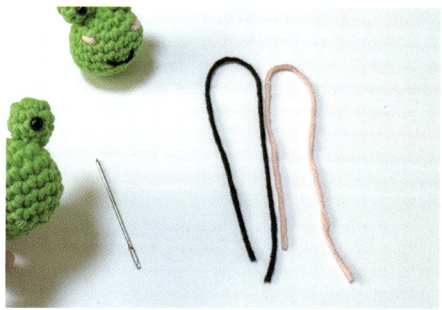

4. 검은색 실과 진분홍색 실 소량, 돗바늘을 준비합니다.

5. 돗바늘에 실을 꿰어 원하는 위치에 입과 볼터치를 만들어주세요.

6. 원하는 키링 고리를 연결하면 스마일 개구리 키링 완성!

저는 원래 같은 작품을 여러 개 만드는 걸 별로 안 좋아하는데, 이 하트 키링은 만드는 과정이 쉽고 정말 재미있어서 색깔별로 만들었어요. 통통 하트 키링으로 사랑을 표현해보세요! 여러 색상으로 나만의 하트를 만들어보는 재미가 쏠쏠할 거예요.

13
러브 이즈 올!
통통 하트 키링

난이도 🍀🍀🤍

*추가 준비물: 방울솜

하트A

1단(6): 매직링, 짧은뜨기 6, 빼뜨기
2단(9): 기둥사슬, (짧은뜨기 1, 늘리기 1)×3, 빼뜨기
3단(9): 기둥사슬, 짧은뜨기 9, 빼뜨기

실을 짧게 자르고 안쪽으로 숨겨주세요.

하트B

1단(6): 매직링, 짧은뜨기 6, 빼뜨기
2단(9): 기둥사슬, (짧은뜨기 1, 늘리기 1)×3, 빼뜨기
3단(9): 기둥사슬, 짧은뜨기 9, 빼뜨기
4단(18): 기둥사슬, 짧은뜨기 8, 하트A에서 짧은뜨기 9, 하트B 남은 한 코에 짧은뜨기 1, 빼뜨기
5단(15): 기둥사슬, (짧은뜨기 4, 줄이기 1)×3, 빼뜨기
6단(12): 기둥사슬, (짧은뜨기 3, 줄이기 1)×3, 빼뜨기
7단(9): 기둥사슬, (짧은뜨기 2, 줄이기 1)×3, 빼뜨기
  *솜 채우기
8단(6): 기둥사슬, (짧은뜨기 1, 줄이기 1)×3, 빼뜨기

실을 자르고 돗바늘로 마무리합니다.

1. 도안을 보면서 하트A를 3단까지 뜨고 실을 짧게 잘라준 다음 안쪽으로 숨겨주세요.

2. 하트B는 4단까지 짧은뜨기를 8번 하고 하트A에 짧은뜨기를 9번 해주세요.

3. 하트B 코에서 마지막 짧은뜨기를 1번 하고, 하트B 첫 코에 빼뜨기하면 두 개의 편물이 연결됩니다.

4. 7단까지 뜨고 방울솜을 소량 넣어줍니다.

5. 8단을 마저 뜨고 돗바늘로 마무리하면 통통 하트 완성!

6. 원하는 키링 고리를 달면 통통 하트가 완성됩니다.

저는 볼링을 잘 못 쳐서 100점을 넘긴 적이 단 한 번도 없어요. 그런데 운 좋게 스트라이크를 친 적이 한 번 있었는데, 그 순간이 정말 짜릿했답니다! 그때의 기분을 떠올리며 만든 볼링핀 키링이에요. 언젠가는 저도 100점을 넘길 수 있겠죠?

14
스트라이크를 위하여! 볼링핀 키링

난이도

로미오실 30번

로미오실 1번

코바늘 5/0호

*추가 준비물: 방울솜

볼링핀

1단(6): 매직링, 짧은뜨기 6, 빼뜨기
2단(9): 기둥사슬, (짧은뜨기 1, 늘리기 1)×3, 빼뜨기
3단(9): 기둥사슬, 짧은뜨기 9, 빼뜨기
4단(6): 기둥사슬, (짧은뜨기 1, 줄이기 1)×3, 빼뜨기
  *마지막 코에서 색상 변경
5단(6): 기둥사슬, 짧은뜨기 6, 빼뜨기
  *마지막 코에서 색상 변경
6단(6): 기둥사슬, 짧은뜨기 6, 빼뜨기
  *마지막 코에서 색상 변경
7단(6): 기둥사슬, 짧은뜨기 6, 빼뜨기
  *마지막 코에서 색상 변경
8단(9): 기둥사슬, (짧은뜨기 1, 늘리기 1)×3, 빼뜨기
9단(12): 기둥사슬, (짧은뜨기 2, 늘리기 1)×3, 빼뜨기
10~11단(12): 기둥사슬, 짧은뜨기 12, 빼뜨기
12단(15): 기둥사슬, (짧은뜨기 3, 늘리기 1)×3, 빼뜨기
13~15단(15): 기둥사슬, 짧은뜨기 15, 빼뜨기
16단(12): 기둥사슬, (짧은뜨기 3, 줄이기 1)×3, 빼뜨기
  *솜 채우기
17단(9): 기둥사슬, (짧은뜨기 2, 줄이기 1)×3, 빼뜨기
18단(9): 기둥사슬, 짧은뜨기 9, 빼뜨기
19단(6): 기둥사슬, (짧은뜨기 1, 줄이기 1)×3, 빼뜨기
실을 자르고 돗바늘로 마무리합니다.

볼링공

1단(6): 매직링, 짧은뜨기 6, 빼뜨기
2단(12): 기둥사슬, 늘리기 6, 빼뜨기
3~5단(12): 기둥사슬, 짧은뜨기 12, 빼뜨기
6단(6): 기둥사슬, 줄이기 6, 빼뜨기
실을 자르고 솜을 채워서 돗바늘로 마무리합니다.

Tip. 새로운 색으로 실을 바꿀 때 기존의 실과 새로운 실의 꼬리실을 당겨주면 배색이 더 자연스러워집니다.

1. 도안을 보면서 8단까지 떠서 핀의 윗부분을 만듭니다.

2. 19단까지 떠서 볼링핀을 완성합니다.

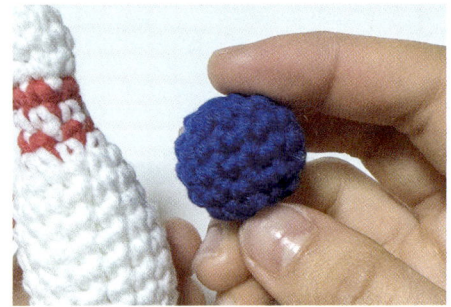

3. 도안을 보면서 볼링공을 만들고 돗바늘로 실을 숨겨주세요.

4. 원하는 키링 고리를 연결하면 볼링핀 키링 완성!

혼자 부산 여행을 갔을 때, 이재모 피자에 꼭 가고 싶었어요. 그래서 부산에 사는 뜨개 친구들을 모집해서 함께 피자도 먹고 뜨개질도 했답니다. 이제 피자만 보면 부산에서의 즐거운 추억이 떠오르네요! 이번 작품에서는 글루건을 사용하기 때문에 손을 다치지 않게 조심해주세요. 그리고 키링을 만들다가 갑자기 피자가 먹고 싶어질 수 있다는 점, 참고하세요!

치즈 크러스트 페퍼로니 피자 키링

난이도 ✖✖✖

로미오실 74번
코바늘 5/0호
로미오실 9번
로미오실 30번

*추가 준비물: 글루건

치즈 크러스트(로미오실 9번, 연노랑)

사슬뜨기 10개, 기둥사슬, 짧은뜨기 1, 빼뜨기 8, (짧은뜨기 1-사슬뜨기 1-빼뜨기)

실을 자르고 정리해주세요.

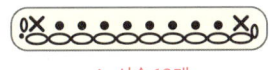

→ 사슬 10개

도우(로미오실 74번, 진한겨자)

1단(8): 사슬뜨기 8, 기둥사슬, 짧은뜨기 8
2~3단(8): 기둥사슬, 짧은뜨기 8
4단(8): 치즈 넣고 접어서 기둥사슬, 이랑뜨기 짧은뜨기 8
5단(7): 기둥사슬, 짧은뜨기 6, 줄이기 1
6단(6): 기둥사슬, 짧은뜨기 5, 줄이기 1
7단(6): 기둥사슬, 짧은뜨기 6
8단(5): 기둥사슬, 짧은뜨기 4, 줄이기 1
9단(4): 기둥사슬, 짧은뜨기 3, 줄이기 1
10단(4): 기둥사슬, 짧은뜨기 4
11단(3): 기둥사슬, 짧은뜨기 2, 줄이기 1
12단(2): 기둥사슬, 짧은뜨기 1, 줄이기 1
13단(1): 기둥사슬, 줄이기 1
14단(1): 기둥사슬, 빼뜨기 1

실을 자르고 정리해주세요.

치즈(로미오실 9번, 연노랑)

1단(8): 사슬뜨기 8, 기둥사슬, 짧은뜨기 8
2단(7): 기둥사슬, 짧은뜨기 6, 줄이기 1
3단(6): 기둥사슬, 짧은뜨기 5, 줄이기 1

이어서 ⇨

4단(6): 기둥사슬, 짧은뜨기 6
5단(5): 기둥사슬, 짧은뜨기 4, 줄이기 1
6단(4): 기둥사슬, 짧은뜨기 3, 줄이기 1
7단(4): 기둥사슬, 짧은뜨기 4
8단(3): 기둥사슬, 짧은뜨기 2, 줄이기 1
9단(2): 기둥사슬, 짧은뜨기 1, 줄이기 1
10단(1): 기둥사슬, 줄이기 1
11단(1): 기둥사슬, 빼뜨기

실을 자르고 정리해주세요.

페퍼로니 토핑(로미오실 30번, 주황빛빨강)

매직링, 짧은뜨기 5, 빼뜨기

실을 자르고 정리해주세요.

1/2 페퍼로니(로미오실 30번, 주황빛빨강)

매직링, 짧은뜨기 3

빼뜨기하지 않고 바로 실을 잘라 정리해주세요.

글루건으로 도우 위에 치즈를 붙이고, 페퍼로니 토핑을 원하는 위치에 올려주세요.

치즈 크러스트

1. 도안을 보면서 치즈 크러스트를 완성해주세요.

도우

2. 도우를 3단까지 뜨고 그 위에 치즈 크러스트를 올립니다.

3. 치즈를 감싼 형태로 도우를 접어서 반 코와 사슬을 같이 잡고 4단을 뜹니다. 4단까지 마무리하면 도우 안에 치즈 크러스트가 쏙 들어갑니다.

4. 도안을 보며 5단부터 14단까지 떠서 도우를 완성합니다.

> 치즈·페퍼로니

5. 도안을 보면서 치즈를 완성해주세요.

6. 페퍼로니를 원하는 만큼 만들어줍니다.

7. 도우 위에 글루건을 적당량 짜서 올립니다(화상 주의!).

8. 치즈를 붙여서 고정해주세요.

9. 글루건을 조금씩 짜서 그 위에 페퍼로니를 붙여주세요.

10. 원하는 키링 고리를 연결하면 피자 키링이 완성됩니다.

Holly's Crochet Essay

뜨개하면서 듣기 좋은 플레이리스트

저는 자칭 '덕후'입니다. 무언가에 빠지면 정말 깊게 빠져서
내가 좋아하는 것에 대해 여기저기 알리고 티 내는 편이에요.
가장 오랫동안 좋아하고 있는 가수는 바로 세계 최고의 밴드,
'비틀즈'입니다.
열세 살 때 처음 비틀즈 음악을 듣고 푹 빠져버린 저는
모든 앨범을 반복해서 들으며 가사를 외웠어요.
그것이 저의 첫 '덕질'이었답니다.

그 덕분에 비틀즈의 고향인 영국에 가고 싶다는 꿈이 생겼고,
비틀즈를 좋아한 지 정확히 10년이 지난 스물세 살 때,
퇴직금을 탈탈 털어 혼자 영국에서 한 달 살기를 하기 위해 떠났어요.
영국에 도착한 다음에는 비틀즈 노래에 나오는 장소들과 멤버들이 태어난 리버풀에 가기 위해
런던에서 두 시간 거리에 있는 곳까지 기차를 타기도 했어요.
생가를 구경하는 버스 투어에는 50~60대 부부 분들이 대부분이었고,
20대는 제가 유일했던 기억이 나네요. 하하.
폴 매카트니가 한국에 왔을 때는 사인을 받으려고 기타를 들고 공항에서 기다리기도 했고,
비틀즈 드러머 링고 스타의 내한 공연에도 갔어요.
당연히 비틀즈 관련 전시회나 비틀즈 노래가 나오는 영화도 전부 챙겨 봤답니다.

갑자기 이렇게 비틀즈에 대한 사랑을 고백하는 이유는,
제가 만드는 작품에는 모두 제가 좋아하는 것이 담겨 있기 때문이에요.
저는 좋아하는 음악을 들으면서 뜨개질하는 시간을 가장 좋아해요.
도안 작업이나 글쓰기, 디자인 작업을 할 때도 항상 음악과 함께하죠.
옥탑방 작업실 스토리에서도 이야기했지만,
제가 단독 작업실을 꿈꿨던 이유도 좋아하는 음악을 크게 틀어놓기 위해서였어요.

여러분에게 제가 뜨개할 때 듣는 최애 음악들을 공유하고 싶어서
짧게나마 저의 덕질 이야기를 나눠봤어요.
같이 뜨개하면서 좋은 음악도 함께 들어요!

맛있는 음식을 먹을 때 사랑하는 사람이 떠오르는 것처럼
저는 좋은 음악을 찾으면 주변 사람들과 함께 듣고 싶다는 생각이 들어요.
좋아하는 음악을 공유하고 함께 듣는 그 순간이 정말 행복하더라고요.
음악이 주는 힘이 정말 강한 것 같아요!
뜨개와 좋은 음악이 함께하면 행복이 배가 됩니다:)

여러분의 뜨개 시간이 더 행복해지길 바라며 저의 플레이리스트를 공유합니다.
(저의 즐거움 중 하나를 공유하게 되어 기쁘고 설레네요. 꼭 같이 들어주세요!)

A. 여유롭게 뜨고 싶을 때

혼자만의 뜨개 시간을 더욱 낭만적으로 만들어주는
팝송 플레이리스트입니다.
마음에 여유를 주는 잔잔하고 따뜻한 감성의 곡들을 모아봤습니다.

- <Here, There and Everywhere> - The Beatles
- <Maine> - Noah Kahan
- <If You Don't Know Me by Now> - Simply Red
- <Like A Star> - Corinne Bailey Rae
- <no song without you> - HONNE
- <I Shall Be Released> - The Band
- <For No One> - The Beatles
- <Everything I Own> - Bread
- <Stay> - Gracie Abrams
- <Sailing> - Rod Stewart
- <Strangers In the Night> - Frank Sinatra

B. 빠르게 뜨고 싶을 때!

들으면 행복해지는 적당히 빠른 템포의 한국 노래 플레이리스트입니다.
듣다 보면 어느새 리듬에 맞춰 뜨개질을 하고 있는
자신을 발견할 수 있는 곡들로 구성했습니다.

- <우린 모두 재즈클럽에서 시작되었지> - 한국재즈수비대
- <야, 야> - 다섯
- <Echo> - 오월오일
- <꾸꾸꾸> - 브로콜리너마저
- <여름날의 추억> - 이정석
- <날씨의 요정 >- 신인류
- <Ling Ling> - 검정치마
- <내게 돌아와> - 트랜스픽션
- <회상> - 터보
- <으라차차> - 럼블피쉬
- <Your Love> - 소란
- <세상에 뿌려진 사랑만큼> - 이승환
- <우리들이 함께 있는 밤> - 오석준

Step5

Crochet for Everyday Life

매일 사용하고 싶은 코바늘 소품

우리가 평소에 쓰는 다양한 물건도 코바늘로 손쉽게 만들 수 있어요. 이제 코바늘이 편해졌다면, 자주 쓰는 물건도 한번 만들어볼까요? 더 나아가 자기만의 도안을 만들어 세상에 단 하나뿐인 소품을 만드는 것도 좋습니다!

첫 플리마켓에서 붕어빵 100마리 판 후기

뜨개가 직업이라고 하면 대부분은 상품을 만들어서 판매하는 줄 아시더라고요.
저는 뜨개를 시작하고 지금까지 한 번도 온라인에서 작품을 판매한 적이 없습니다.
똑같은 것을 여러 개 만드는 것보다 다양한 작품을 뜨고 싶고,
한 코 한 코 정성껏 만든 상품의 가격을 정하는 것도 쉽지 않더라고요.
이런 이유로 판매를 미뤄오다가, 드디어 제가 만든 작품을 처음으로 판매하게 된 일이 있었습니다!

바로 2023년 12월, 생애 첫 플리마켓에 나가게 된 것인데요.
동대문 DDP에서 열린 크리스마스 마켓으로, 무려 10일 동안 진행되는 행사였습니다. 플리마켓은 구독자님들을 직접 만날 수 있는 기회가 될 것 같아 설레는 마음으로 신청했어요. 구독자님들과의 만남과 뜨개 상품 판매 모두 처음이라 준비가 많이 필요했습니다.

그래서 구독자님들께 드릴 젤리와 핫팩, 뜨개실 등 선물을 잔뜩 준비했지만,
정작 마켓에서 판매할 키링은 많이 뜨지 못했어요.
결국 부스를 지키면서 붕어빵을 라이브쇼로 즉석에서 만들고 판매하게 되었죠.
하지만 오히려 직접 붕어빵을 뜨는 모습을 보고 모두들 더 많은 관심을 보내주셨습니다.

"직접 뜬 붕어빵 보고 가세요!"
"맛도 다양하게 굽고 있어요!"

이렇게 멘트를 열심히 하다 보니 첫날부터 붕어빵 장사는 대박이 났습니다.
감사하게도 구독자님들이 많이 찾아와주셨어요.
댓글이나 메시지로 소통하던 분들을 직접 만나니 너무 반갑고 꿈꾸는 것 같았어요.
편지와 선물을 주시면서,
"홀리님 유튜브 보면서 뜨개질 시작했어요. 감사합니다!"
"홀리님 보러 대전에서 왔어요! 실제로 보니까 너무 반가워요!"
"제 첫 코바늘 인형이에요! 자세한 설명 덕분에 만들 수 있었어요."
눈을 바라보며 따뜻한 이야기들을 건네주셔서
'인생의 명장면이 있다면 지금 이 순간이 아닐까?' 싶을 만큼
감동적이었습니다.

제가 가장 뿌듯한 순간은, 저로 인해 뜨개의 재미를 알게 되었다는 말을
들을 때예요.
그래서 계속 초보자를 위한 영상을 만들고 오프라인 강의도 자주 다니며
뜨개질 입문자를 도울 수 있는 활동을 꾸준히 하고 있습니다.
앞으로도 많은 분의 뜨개질 시작에 함께하고 싶습니다.

좋아하는 음악을 물리적으로 소장하고 싶은 마음에 LP를 모으게 되었어요. 조금은 번거롭지만, LP를 뒤집을 때마다 느껴지는 따뜻한 촉감과 바늘의 치지직 소리에서 느껴지는 감성이 정말 좋더라고요. 아날로그의 낭만을 느끼며, LP 티코스터를 만들어보세요!

01
다시 돌아온 낭만, LP 티코스터

난이도 ✖◇◇

한길긴뜨기 도안에서는 대체로 기둥사슬 3개가 한길긴뜨기 1개의 역할을 하지만, 이 도안에서는 빈틈없는 원형을 만들기 위해 기둥사슬을 1개의 코로 대체하지 않아요. 따라서 기둥사슬이 아닌 첫 번째 코에 빼뜨기해주세요.

사슬뜨기 6개, 첫 번째 사슬에 빼뜨기해서 링 만들기.
1단(6): 기둥사슬 1, 링 안에 짧은뜨기 6, 빼뜨기
2단(12): 기둥사슬 1, 긴뜨기 늘리기 6, 빼뜨기
3단(24): 기둥사슬 3, 한길긴뜨기 늘리기 12, 빼뜨기
　　　　*마지막 코에서 색상 변경
4단(36): 기둥사슬 3, (한길긴뜨기 1, 한길긴뜨기 늘리기 1)×12, 빼뜨기
5단(48): 기둥사슬 3, (한길긴뜨기 1, 한길긴뜨기 늘리기 1, 한길긴뜨기 1)×12, 빼뜨기
6단(60): 기둥사슬1, (짧은뜨기 3, 짧은뜨기 늘리기 1)×12, 빼뜨기

실을 자르고 돗바늘로 정리해주세요.

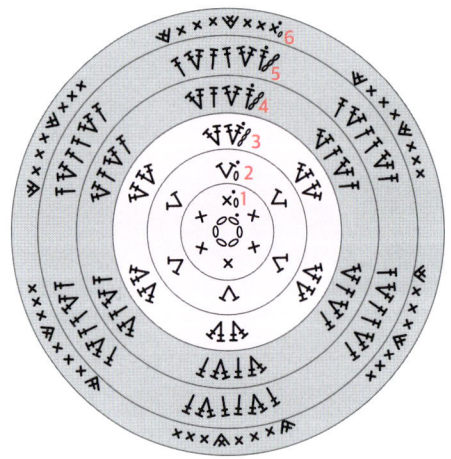

> 가운데

1. 사슬뜨기를 6개 합니다.

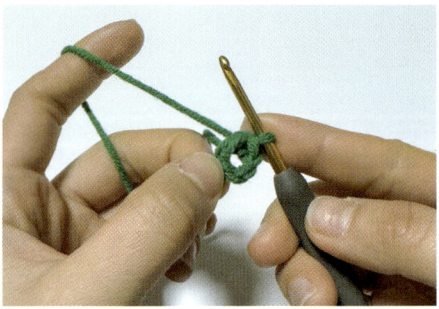

2. 첫 번째 코에 빼뜨기해서 링을 만듭니다(LP 구멍).
Tip. 이것이 매직링이라고 생각하고 구멍 안에 1단을 떠주세요.

> 한길긴뜨기 색상 변경하기

3. 도안을 보면서 2단까지 떠줍니다.

4. 3단의 마지막 한 코를 남겨둡니다.

5. 바늘에 실을 한 번 감아 끌고 나온 다음에 앞에 두 가닥을 먼저 빼주세요.

6. 미완성 한길긴뜨기 상태에서 검은색 실을 가져와 바늘에 감고 남은 두 가닥을 통과시켜줍니다.

> 테두리

7. 3단의 첫 번째 한길긴뜨기에 빼뜨기합니다.

8. 도안을 보면서 6단까지 떠줍니다.

9. 실을 자르고 돗바늘로 정리해주면 LP 티코스터 완성!

10. 가운데 색상을 다양하게 만들어보세요!

코바늘을 시작하고 체커보드 무늬에 빠져서 비니, 가방, 파우치 등으로 다양하게 만들었어요. 일정한 간격으로 색을 변경하며 무늬를 만들어 주니 뜨는 과정이 지루하지 않고 더 재밌더라고요. 티코스터는 집들이 선물로도 인기가 아주 좋습니다!

나만의 색 조합으로 만드는 체커보드 티코스터

난이도 ✿✿✾

단마다 편물을 뒤집어서 뜨는 평면뜨기 도안입니다. 기둥사슬 3개는 한길긴뜨기 1코의 역할을 해요. 한길긴뜨기 4코마다 색을 바꿔가며 떠서 체커보드 무늬를 만들어줍니다. 배색 구간은 보기 쉽도록 형광펜으로 표시해두었어요!

1단: 사슬뜨기 16, 기둥사슬 3, 한길긴뜨기 3, 한길긴뜨기 4, 한길긴뜨기 4, 한길긴뜨기 4
2단: 기둥사슬 3, 한길긴뜨기 3, 한길긴뜨기 4, 한길긴뜨기 4, 한길긴뜨기 4
3단: 기둥사슬 3, 한길긴뜨기 3, 한길긴뜨기 4, 한길긴뜨기 4, 한길긴뜨기 4
4단: 기둥사슬 3, 한길긴뜨기 3, 한길긴뜨기 4, 한길긴뜨기 4, 한길긴뜨기 4
5단: 기둥사슬 3, 한길긴뜨기 3, 한길긴뜨기 4, 한길긴뜨기 4, 한길긴뜨기 4
6단: 기둥사슬 3, 한길긴뜨기 3, 한길긴뜨기 4, 한길긴뜨기 4, 한길긴뜨기 4
7단: 기둥사슬 3, 한길긴뜨기 3, 한길긴뜨기 4, 한길긴뜨기 4, 한길긴뜨기 4
8단: 기둥사슬 3, 한길긴뜨기 3, 한길긴뜨기 4, 한길긴뜨기 4, 한길긴뜨기 4
9단(테두리): 기둥사슬 1, 짧은뜨기 16, 옆면에 긴뜨기 16, 밑면에 짧은뜨기 16, 옆면에 긴뜨기 16, 첫 번째 짧은뜨기에 빼뜨기

실을 자르고 돗바늘로 정리해주세요.

티코스터

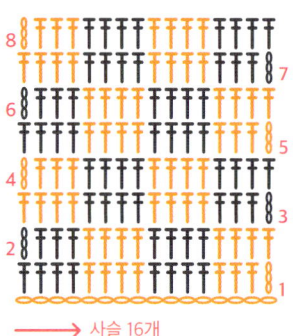

→ 사슬 16개

티코스터 테두리

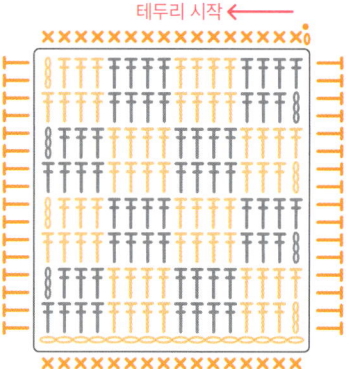

테두리 시작 ←

1. 사슬뜨기 16개로 시작합니다.

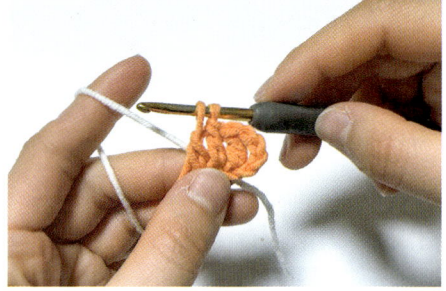

2. 기둥사슬 3개를 만들고 끝에서 5번째 사슬부터 한길 긴뜨기를 해줍니다. **Tip.** 기둥사슬 3개가 한길긴뜨기 1개 역할을 하기 때문에 5번째 사슬에 다음 코가 들어갑니다. 그림 도안을 보면 이해가 더 쉬워요.

3. 4번째 한길긴뜨기 2가닥이 남아 있을 때 새로운 색으로 실을 변경합니다. **Tip.** 색상을 변경한 다음 기존 실을 살짝 당겨주면 더 깔끔해집니다.

4. 4코씩 색상을 교차하며 쭉 떠주세요.

5. 방향을 돌려서 2단을 뜹니다. **Tip.** 짝수 단을 뜰 때는 꼬리실을 앞쪽으로 숨기면서 뜨고 홀수 단을 뜰 때는 뒷쪽으로 숨기면서 떠주면 깔끔합니다.

6. 도안을 보면서 8단까지 떠줍니다.

7. 기둥사슬 1개와 짧은뜨기 16번으로 테두리를 시작합니다.

8. 방향을 돌려서 긴뜨기를 한 단에 2코씩, 총 16개를 뜹니다.

9. 옆면에 긴뜨기할 때는 기둥사슬 사이에 2개, 한길긴뜨기 옆면에 2개씩 떠주세요. **Tip.** 사슬 틈 사이에 바늘을 넣고 떠줘야 구멍이 커지지 않아요.

10. 아랫면에도 짧은뜨기를 16번, 옆면에 긴뜨기를 16번 해줍니다.

11. 첫 번째 짧은뜨기에 빼뜨기한 다음 실을 잘라 돗바늘로 정리합니다.

12. 체커보드 티코스터 완성! **Tip.** 라벨을 바느질해서 달아주면 완성도가 더 높아집니다.

이렇게도 만들 수 있어요

체커보드 팟커버

1. 처음 시작하는 사슬 개수를 화분 둘레만큼 만들고 첫 번째 사슬에 빼뜨기해주세요.
   *이때 꼭 4의 배수로 해주세요.
2. 체커보드 티코스터와 같은 방법으로 4코마다 색상을 변경해 원하는 높이가 될 때까지 단을 올려주세요.
3. 마지막 단을 짧은뜨기로 한 바퀴 둘러주면 체커보드 팟커버 완성!

힘들면 내게 기대!
어깨깡패 곰돌이 티코스터

난이도 ❀❀❁

빈틈없는 티코스터를 만들기 위해 기둥사슬 3개를 1개의 코로 대체하지 않아요. 그래서 첫 코와 기둥사슬을 같은 코에 떠주고, 빼뜨기는 항상 첫 번째 코에 해주세요. 실을 끊지 않고 몸통부터 머리, 팔과 다리까지 한 번에 떠주는 도안입니다. 이 도안에서 '늘리기'는 한 코에 한길긴뜨기 2번 떠주는 한길긴뜨기 늘리기를 해주면 됩니다. 사세한 영상 도안도 참고해주세요!

몸통
(로미오실 73번, 오트밀 / 로미오실 75번, 테디베어)

1단(12): 매직링, 기둥사슬 3, 한길긴뜨기 12, 빼뜨기
2단(24): 기둥사슬 3, 늘리기 12, 빼뜨기
3단(36): 기둥사슬 3, (한길긴뜨기 1, 늘리기 1)×12, 빼뜨기 *마지막 코에서 색상 변경
4단(48): 기둥사슬 3, (한길긴뜨기 1, 늘리기 1, 한길긴뜨기 1)×12, 빼뜨기

실을 끊지 않고 머리와 팔다리까지 이어서 떠주세요.

머리

1단: 기둥사슬 3, 한길긴뜨기 6
2단: 편물을 돌려서 기둥사슬 3, 한길긴뜨기 6
3단: 기둥사슬 3, 두 번째 코에 빼뜨기(구멍A), 짧은뜨기 2, 다음 코에 빼뜨기, 사슬뜨기 3, 빼뜨기(구멍B)

실을 끊지 않고 뒷장의 도안을 보며 이어서 떠주세요.

이어서 ⇨

팔·다리

머리 2단 옆면에 짧은뜨기 1, 머리 1단 옆면에 짧은뜨기 1

팔: 짧은뜨기 4, 긴뜨기 4, 한길긴뜨기 4, 두길긴뜨기 2, (두길긴뜨기 1-사슬뜨기 3-빼뜨기)

다리: 짧은뜨기 3, (빼뜨기, 두길긴뜨기 5코 늘리기, 빼뜨기)×2, 짧은뜨기 3

팔: (빼뜨기-사슬뜨기 3-두길긴뜨기 1), 두길긴뜨기 2, 한길긴뜨기 4, 긴뜨기 4, 짧은뜨기 4

머리 1단 옆면에 짧은뜨기 1, 머리 2단 옆면에 짧은뜨기 1 구멍B에 긴뜨기 3코 늘리기, 빼뜨기 3, 구멍A에 긴뜨기 3코 늘리기, 첫 번째 짧은뜨기에 빼뜨기

실을 자르고 마무리합니다.

코

매직링, 짧은뜨기 6, 빼뜨기

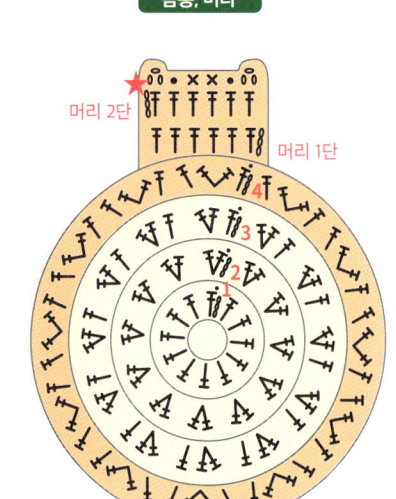

몸통, 머리

실을 끊지 않고 ★표시부터 팔다리를 이어서 떠주세요.

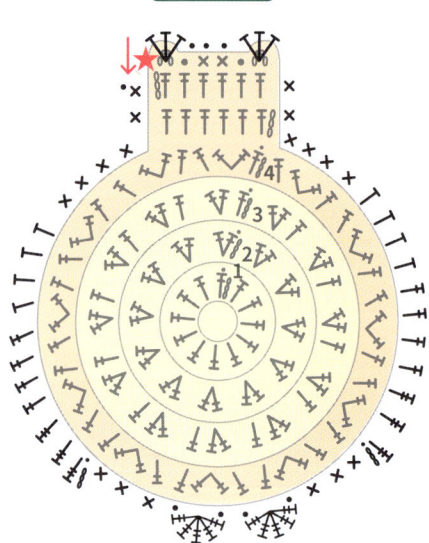

팔, 다리, 귀

곰돌이 코

| 몸통 | 머리 |

1. 도안을 보면서 몸통을 4단까지 떠주세요.

2. 기둥사슬 3개와 한길긴뜨기 6번으로 머리 시작 부분을 만듭니다.

3. 뒤집어서 기둥사슬 3개와 한길긴뜨기 6번으로 머리 2단을 뜹니다.

4. 다시 뒤집어서 기둥사슬 3개를 만들고 다음 코에 빼뜨기해주세요(구멍A).

5. 짧은뜨기를 2번 한 다음 빼뜨기, 기둥사슬 3개, 마지막 코에 빼뜨기하면 구멍B가 됩니다

6. 방향을 돌려서 한길긴뜨기 옆면에 짧은뜨기를 1번 합니다.

> 팔·다리·귀

7. 기둥사슬에도 짧은뜨기를 1번 해줍니다.

8. 이어서 짧은뜨기 4번, 긴뜨기 4번, 한길긴뜨기 4번, 두길긴뜨기를 2번 합니다. Tip. 정확한 위치는 그림 도안을 참고하세요.

9. 한 코에 두길긴뜨기 1번, 사슬뜨기를 3번 한 다음 빼 뜨기해주면 팔이 생깁니다.

10. 짧은뜨기를 3번 한 다음 빼뜨기해줍니다.

11. 한 코에 두길긴뜨기를 5번 해주세요. 이때 사진과 같이 바늘을 당겨서 실을 늘려가며 떠줍니다.

12. 옆 코에 빼뜨기해주면 입체적인 다리가 생깁니다.

13. 반대쪽 다리도 같은 방법(빼뜨기, 두길긴뜨기 5코 늘리기, 빼뜨기)으로 만들어주세요.

14. ⑧~⑩을 거꾸로 짧은뜨기 3번, 다음 코에 (빼뜨기-사슬뜨기 3-두길긴뜨기 1), 두길긴뜨기 2번, 한길긴뜨기 4번, 긴뜨기 4번, 짧은뜨기 4번 해주세요.

15. ⑥~⑦을 역순으로 기둥사슬에 짧은뜨기 1번, 한길긴뜨기 옆면에 짧은뜨기 1번을 해줍니다.

16. 곰돌이 귀 구멍B에 긴뜨기를 3번 한 다음 빼뜨기를 3번 해주세요.

> 코

17. 구멍A에도 긴뜨기를 3번 하고 ⑥에서 해준 첫 번째 짧은뜨기에 빼뜨기해서 마무리합니다.

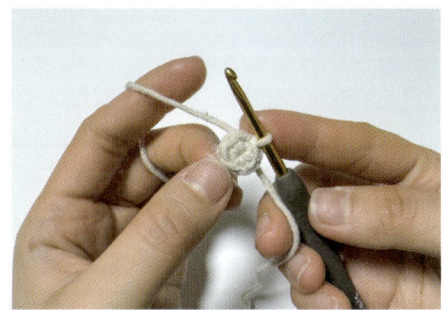

18. 도안을 보면서 곰돌이 코를 떠줍니다.

19. 돗바늘로 곰돌이와 코를 이어줍니다.

20. 돗바늘에 줄리엣실을 꿰서 코에 무늬를 만들어줍니다.

21. 이어서 눈까지 만들어주면 곰돌이 티코스터 완성!

Holly's 꿀팁

"곰돌이 티코스터가 평평하지 않아요ㅠㅠ 어떻게 하면 덜 말리나요?"

1단과 2단을 뜰 때 너무 힘을 줘서 뜨면 편물이 말리면서 납작한 모양이 나오지 않습니다. 그리고 곰돌이의 팔과 다리를 뜰 때는 실을 더 당기면서 떠주세요. 이렇게 하면 모양이 더 잘 표현되면서 평평한 티코스터가 됩니다. 완성된 티코스터를 다리미로 살짝 다리거나 무거운 물건을 올려놓고 더 평평하게 펴주는 방법도 있습니다!

(이렇게 했는데도 모양이 마음에 들지 않는다면, DM으로 사진과 고민을 보내주세요!)

여름에 특히 잘 어울리는 토마토 카드 지갑이에요. 선글라스를 만들어 더 멋쟁이가 되도록 코디해줬답니다. 짧은 뜨기만 반복해서 만드는 쉬운 도안이라 기본 지갑을 색상별로 떠서, 매일 코디에 따라 바꿔 들고 다녀도 재미있을 거예요!

04
선글라스를 쓴 멋쟁이! 토마토 카드 지갑

난이도

실을 2겹 잡고 코바늘 8호로 떠줘서 편물이 단단하고 완성도가 높아요.

지갑(로미오실 30번, 주황빛빨강 / 코바늘 8호)

1단: 사슬뜨기 12, 기둥사슬, 짧은뜨기 24개, 빼뜨기
2~8단: 기둥사슬, 짧은뜨기 24개, 빼뜨기
9단: 빼뜨기 23개
이때 손에 힘을 풀어주세요.
실을 잘라서 돗바늘로 마무리합니다.

토마토 꼭지(로미오실 50번, 풀색 / 코바늘 5호)

매직링, (사슬뜨기 2, 기둥사슬 1-빼뜨기 1, 짧은뜨기 1-빼뜨기)×5
연결할 실을 남기고 잘라줍니다.
지갑 7단과 8단 사이에 토마토 꼭지를 연결합니다.

토마토 선글라스(로미오실 69번, 검정 / 코바늘 5호)

사슬뜨기 3, 기둥사슬, 짧은뜨기 3, 편물을 뒤집어서 기둥사슬 1, 짧은뜨기 3
사슬뜨기 4, 기둥사슬 1, 짧은뜨기 3, 편물을 뒤집어서 기둥사슬 1, 짧은뜨기 3
연결할 실을 길게 남기고 잘라줍니다.
선글라스를 연결하고 남은 실로 토마토 입까지 만들어서 완성합니다.

`지갑`

`토마토 꼭지`　　`선글라스`

사슬 3개

사슬 12개

`지갑`

1. 코바늘은 8호를 사용하고 실을 2겹 잡고 시작합니다. Tip. 볼 실 가운데에서 한 가닥, 겉에서 한 가닥을 빼면 쉽게 2겹을 만들 수 있어요.

2. 사슬을 12개 만듭니다.

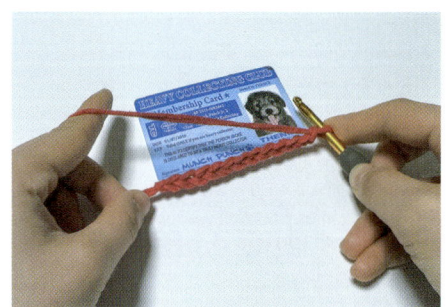

3. 카드를 준비해서 사이즈를 확인해주세요.

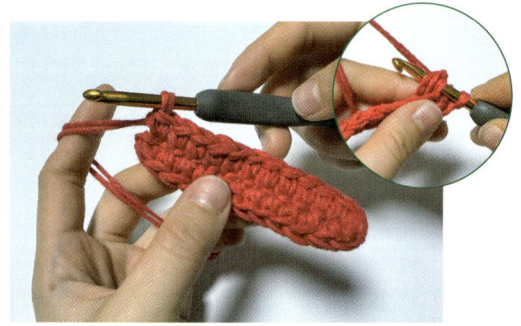

4. 기둥사슬 1번, 짧은뜨기 12번을 한 다음 방향을 돌려 마주 본 상태에서 짧은뜨기 12번을 해주세요. Tip. 이때 코에 바늘을 넣고 바늘 위에 꼬리실을 올려서 떠주면 실이 자연스럽게 숨겨집니다.

5. 첫 번째 짧은뜨기에 빼뜨기하면 1단이 완성됩니다.

6. 같은 방법으로 2단부터 8단까지 떠주세요.
Tip. 빼뜨기 위치가 균일하게 나올 수 있게 첫 코 위치를 단수링으로 표시하며 떠주세요.

7. 마지막 단에서 빼뜨기할 때는 실을 살짝 당겨가며 손에 힘을 풀고 느슨하게 해줍니다.

8. 실을 자르고 정리하면 카드 지갑 본체가 됩니다.

토마토 꼭지

9. 풀색 실로 매직링을 만들어 사슬 2개, 기둥사슬 1번, 빼뜨기 1번, 짧은뜨기 1번을 해준 다음 매직링 가운데에 빼뜨기하면 잎이 1개 생깁니다. 코바늘 5호를 사용합니다.

10. ⑨를 4번 더 반복해서 잎을 총 5개 만들고 매직링을 모아 꼭지를 완성해주세요. 꼬리실을 길게 남기고 잘라줍니다.

11. 토마토 지갑 7단과 8단 사이에 꼭지를 연결합니다.

12. 카드 지갑 본체 완성!

> 선글라스

13. 검은색 실로 사슬 3개를 만들고 기둥사슬 1개, 짧은 뜨기 3번 해주세요. 코바늘은 5호를 사용합니다.

14. 편물을 뒤집어서 기둥사슬 1개, 짧은뜨기 3번을 해서 한쪽 렌즈를 만듭니다.

15. 사슬뜨기 4번에 짧은뜨기 3번 하고, 다시 편물을 돌려서 기둥사슬 1번, 짧은뜨기 3번 해서 선글라스를 완성합니다.

16. 토마토 지갑 본체와 연결하고 검은색 실로 입도 만들어줍니다.

17. 토마토 카드 지갑 완성!

삐쭉 나온 입술이 포인트인 귀염둥이 오리 카드 지갑이에요. 뜨개는 디테일해질수록 손이 많이 가지만, 그만큼 완성도 높은 애정 어린 작품이 나와요. 한번은 제가 뜬 지갑을 보여주고 싶어서 버스를 탈 때 미리 꺼내놨다가 천천히 카드를 찍고 내린 적도 있답니다. 하하.

05
vㅂ이v 하고 여기 보세요! 오리 카드 지갑

난이도 ✖✖✖

* 만드는 법이 유사한 참고 영상입니다.

기둥사슬 3개는 한길긴뜨기 1개의 역할을 합니다. 빼뜨기는 3번째 기둥사슬에 해주세요. 오리 지갑을 뜨면서 중간에 구멍을 만들고 그 구멍에 입을 만들어서 입체적인 모양을 더해주는 도안입니다. 오리 발과 손은 글루건을 이용하면 더 쉽게 부착할 수 있어요.

오리 지갑(로미오실 4번, 아이보리)

사슬 12개로 시작

1단(24): 기둥사슬 3, 한길긴뜨기 23, 빼뜨기
2~5단(24): 기둥사슬 3, 한길긴뜨기 23, 빼뜨기
6단(24): 기둥사슬 3, 한길긴뜨기 4, 사슬 6, 6코 건너서 한길긴뜨기 13, 빼뜨기
7~9단(24): 기둥사슬 3, 한길긴뜨기 23, 빼뜨기
10단: 빼뜨기 23번

실을 자르고 돗바늘로 마무리합니다.

*마지막 10단에서 모든 코에 빼뜨기하면 입구가 살짝 줄어들어 카드가 쉽게 빠지지 않습니다. 하지만 실을 너무 당기면 카드가 안 들어갈 수도 있으니 느슨하게 빼뜨기해주세요.

오리 입(로미오실 10번, 노란색)

5단의 6번째 코에 바늘을 넣고 실을 가져와주세요.

1단(14): 기둥사슬 1, 짧은뜨기 14, 빼뜨기
짧은뜨기 위치는 그림 도안과 사진 설명을 참고.
2~4단(14): 기둥사슬 1, 짧은뜨기 14, 빼뜨기

실을 자르고 돗바늘로 마무리합니다.

이어서 ⇨

오리 발(×2)(로미오실 10번, 노란색)

1단: 매직링, 짧은뜨기 5, 빼뜨기
2단: (사슬뜨기 1-한길긴뜨기 1-사슬뜨기 1-사슬이 나온 코에 빼뜨기)×3, 짧은뜨기 늘리기 2, 빼뜨기
연결할 실을 길게 남기고 자릅니다.

오리 브이 손(×2)(로미오실 4번, 아이보리)

1단: 매직링, 짧은뜨기 5, 빼뜨기
2단: (사슬뜨기 2-기둥사슬 1-빼뜨기 2-사슬이 나온 코에 빼뜨기)×2
연결할 실을 길게 남기고 잘라줍니다.

오리 볼터치(×2)(로미오실 18번, 라이트살몬)

매직링, 짧은뜨기 5, 빼뜨기
연결할 실을 길게 남기고 잘라줍니다.

연결하기

오리 발: 1~2단
오리 손: 5단
오리 볼: 6~7단 사이
오리 눈: 7~8단 사이

오리 지갑

1. 사슬뜨기 12개로 시작합니다.

2. 기둥사슬 3개, 한길긴뜨기 11번 하고 방향을 돌려서 마주 보게 한길긴뜨기 12번을 합니다.

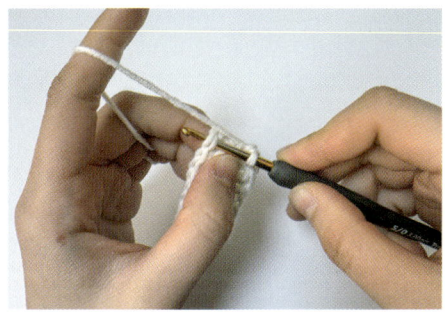

3. 3번째 기둥사슬에 빼뜨기하면 1단이 마무리됩니다.

4. 2~5단까지 기둥사슬 3번, 한길긴뜨기 23번, 빼뜨기를 반복해주세요.

5. 6단에서는 기둥사슬 3개와 한길긴뜨기 4번, 사슬 6개를 떠서 구멍을 만들 준비를 합니다.

6. 6코를 건너뛰고 7번째 코부터 다시 한길긴뜨기를 시작합니다.

7. 끝까지 한길긴뜨기한 다음 빼뜨기하면 구멍이 생깁니다.

8. 7단을 뜨다가 구멍 부분을 만나면 V자에 바늘을 넣고 각 사슬에 한길긴뜨기를 1번씩 해주세요(총 6번).
Tip. 이때 V자를 찾기 어렵다면, 구멍 안에 바늘을 넣고 한길긴뜨기를 6번 해주세요.

9. 9단까지 한길긴뜨기를 반복하며 단을 올립니다.

10. 10단에서 모든 코에 느슨하게 빼뜨기하고 실을 잘라 돗바늘로 정리합니다.

오리 입

11. 5단의 6번째 한길긴뜨기에 바늘을 넣고 입을 만들 실을 가져옵니다.

12. 짧은뜨기 6번, 옆면에 짧은뜨기 1번을 해주세요.

13. 윗면에도 짧은뜨기 6번, 옆면에 짧은뜨기 1번을 반복합니다.

14. 첫 번째 짧은뜨기에 빼뜨기해서 오리 입 1단을 완성합니다.

15. 2단부터 4단까지 짧은뜨기로 단을 올려주세요.

16. 실을 입 뒤로 숨겨서 정리하고 오리 입을 바깥쪽으로 접어 도톰하게 만듭니다.

오리 발

17. 매직링을 만들고 짧은뜨기 5번과 빼뜨기로 발을 시작합니다.

18. 사슬뜨기 1번, 한길긴뜨기 1번, 사슬뜨기를 1번 해주고 사슬이 나온 코에 빼뜨기해서 발가락을 만듭니다.

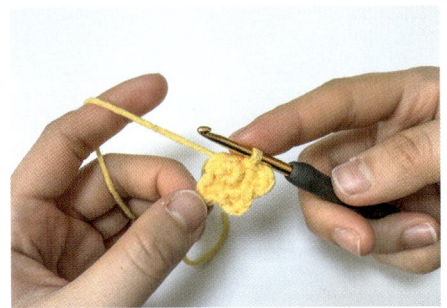

19. 2번 더 반복해 발가락을 완성합니다.

20. 남은 두 코에는 각각 짧은뜨기 늘리기한 다음 빼뜨기하고 연결할 실을 길게 남기고 자릅니다.

> 오리 손

21. ⑰~⑳까지 한 번 더 반복해 오리 발을 2개 만들어 주세요.

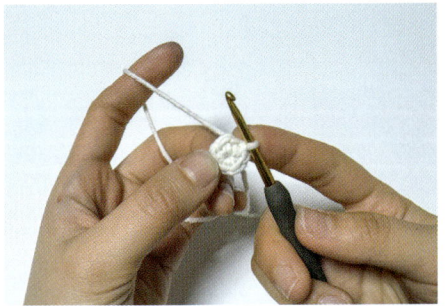

22. 매직링을 만들고 짧은뜨기 5번과 빼뜨기로 손을 시작합니다.

23. 사슬뜨기 2번, 기둥사슬 1개, 빼뜨기 2번을 한 다음 사슬이 나온 코에 빼뜨기합니다.

24. ㉒~㉓을 한 번 더 반복해서 브이 손을 2개 만들어 줍니다.

◯ 볼터치

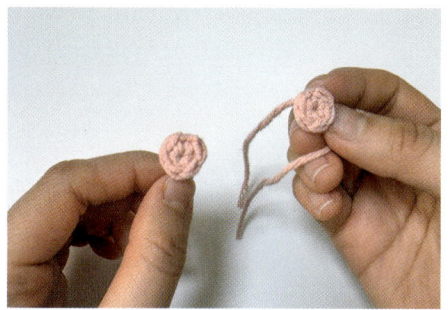

25. 매직링을 만들고 짧은뜨기 5번, 빼뜨기로 볼터치를 2개 만듭니다.

◯ 이어주기

26. 돗바늘이나 글루건을 이용해서 오리를 이어줍니다.

27. 나사눈을 원하는 위치에 고정해주세요(와셔가 신경 쓰인다면 단추눈을 써도 좋아요!).

29. 오리 카드 지갑 완성!

뜨개질하는 사람들은 재미있는 '뜨개 용어'를 많이 써요. 예를 들면, 잘 못 뜬 부분의 실을 푸는 과정을 '푸르시오'라고 표현합니다. 그리고 한 작품을 끝까지 뜨지 않고 여러 개의 작품을 동시에 만들 때는 '문어발' 이라고 하는데, (대부분의 뜨개인들이 그래요!) 우리의 문어발 뜨개를 응원해줄 문어 카드 지갑을 함께 만들어봐요!

문어발 뜨개인을 위한!
문어 카드 지갑

난이도 ✖✖✖

납작한 직사각형 편물을 2개 떠주고, 연결해 완성하는 카드 지갑입니다. 점점 귀여운 문어가 되어가는 과정이 정말 재미있어요. 지갑 뒷면을 먼저 만들고, 그다음으로 앞면을 떠서 뒷면을 포개서 잡고 연결하는 방식이에요. 형광색 표시 부분은 빨간색으로 떠주세요.

지갑 뒷면(로미오실 85번, 멜란지 데님)

1단: 사슬뜨기 17, 기둥사슬, 짧은뜨기 17
2~13단: 기둥사슬, 짧은뜨기 17

실을 자르고 돗바늘로 정리해주세요.

지갑 앞면(문어 패턴)
(로미오실 4번, 아이보리 / 로미오실 30번, 주황빛빨강)

1단: 사슬뜨기 17, 기둥사슬, 짧은뜨기 17
2단: 기둥사슬, 짧은뜨기 17
3단: 기둥사슬, 짧은뜨기 3, 짧은뜨기 2, 짧은뜨기 1, 짧은뜨기 2, 짧은뜨기 1, 짧은뜨기 2, 짧은뜨기 1, 짧은뜨기 2, 짧은뜨기 3
4단: 기둥사슬, 짧은뜨기 3, 짧은뜨기 11, 짧은뜨기 3
5단: 기둥사슬, 짧은뜨기 5, 짧은뜨기 7, 짧은뜨기 5
6~9단: 기둥사슬, 짧은뜨기 4, 짧은뜨기 9, 짧은뜨기 4
10단: 기둥사슬, 짧은뜨기 5, 짧은뜨기 7, 짧은뜨기 5
11단: 기둥사슬, 짧은뜨기 6, 짧은뜨기 5, 짧은뜨기 6
12단: 기둥사슬, 짧은뜨기 17 *마지막 코에서 지갑 뒷면 색으로 실 색상 변경
13단: 기둥사슬, 짧은뜨기 17

실을 끊지 않고 지갑 뒷면과 이어서 연결하며 테두리를 만들어요.

이어서 ⇨

마지막으로 짧은뜨기해준 코와 반대쪽 겹친 코를 잡고 빼뜨기 1번 해서 연결을 시작합니다.
옆면에 짧은뜨기 12, 아랫면에 짧은뜨기 17,
옆면에 짧은뜨기 12, 13단의 첫 번째 짧은뜨기에 마주 잡고 빼뜨기합니다.

실을 잘라서 마무리합니다.

문어 입(로미오실 18번, 라이트살몬)

매직링, 짧은뜨기 5, 빼뜨기

연결할 실을 길게 남겨서 잘라줍니다. 매직링 가운데 부분에 코바늘을 찔러 넣어 구멍을 만들어주세요.

입을 연결하고 검은색 실로 문어 눈을 만들어주면 완성됩니다.

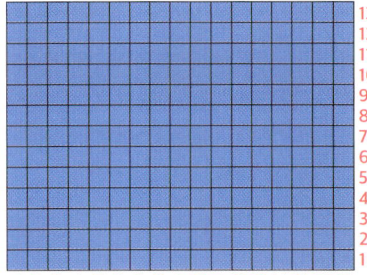
지갑 뒷면

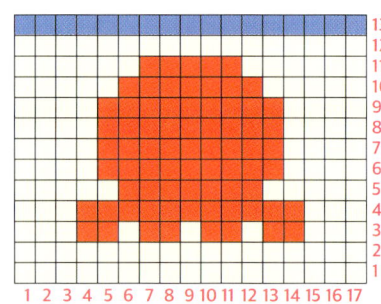
지갑 앞면

문어 입

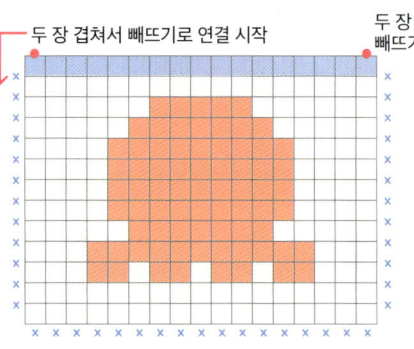
두 장 겹쳐서 빼뜨기로 연결 시작 / 두 장 겹쳐서 빼뜨기로 마무리

+나만의 패턴 지갑 만들기

원하는 디자인으로 픽셀 빈칸을 꾸며서 나만의 패턴 지갑을 만들어보세요!

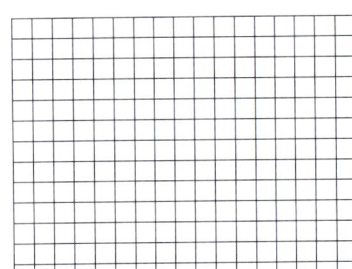
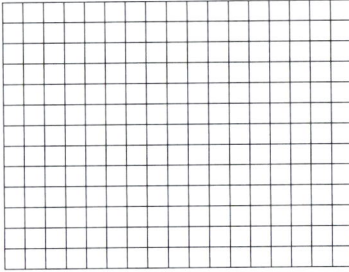

지갑 뒷면

1. 사슬뜨기 17개로 뒷면을 시작합니다.

2. 도안을 보면서 13단까지 떠줍니다.

지갑 앞면

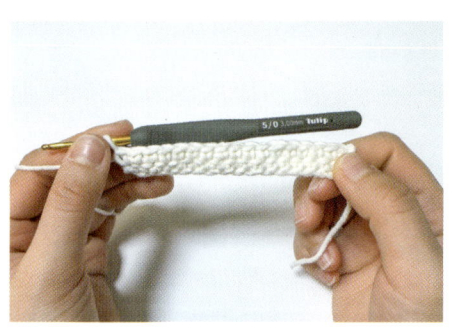

3. 패턴이 들어갈 앞면도 2단까지 같은 방법으로 떠줍니다.

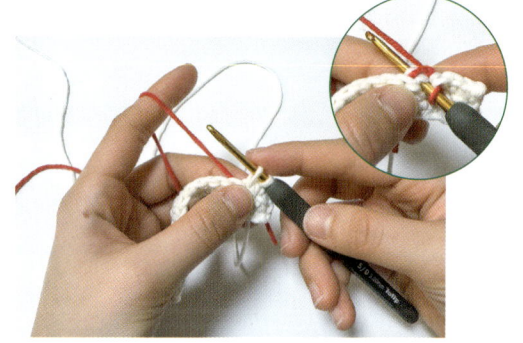

4. 패턴이 시작되는 3단부터 짧은뜨기로 색상을 도안에 맞게 변경(p.36)하며 한 코씩 일정하게 떠주세요.
Tip. 이때 실을 잘 숨겨가며 뜨면 완성도가 더 올라갑니다.

5. 3단까지 완성되었습니다.

6. 도안을 보면서 11단까지 떠주세요.

이어주기

7. 12단 마지막 코에서 테두리를 만들 색상으로 실을 변경하고 13단을 떠주세요.

8. 지갑 뒷면과 겹쳐서 양쪽의 13단 마지막 코에 바늘을 넣고 빼뜨기로 테두리를 시작합니다.

9. 단과 단 사이마다 짧은뜨기를 해서 총 12번의 짧은뜨기를 해주세요.

10. 지갑 밑면도 겹쳐서 짧은뜨기를 17번 합니다.

문어 입

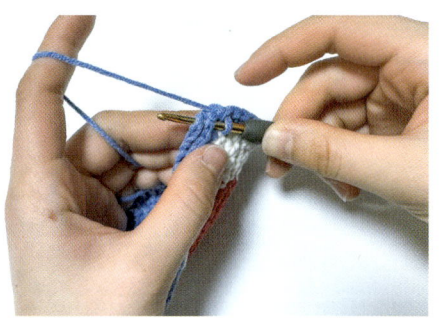

11. 반대쪽 옆면도 단과 단 사이에 짧은뜨기를 12번 한 다음, 지갑 양쪽의 13단 첫 코에 빼뜨기해서 마무리합니다.

12. 매직링을 만들고 짧은뜨기 5번과 빼뜨기로 입을 만들어주세요.

13. 매직링 가운데에 코바늘을 넣고 구멍 크기를 늘려 주세요.

14. 검은색 실을 돗바늘에 꿰어 문어 눈을 만듭니다.

15. 글루건으로 문어 입을 고정해줍니다.

16. 문어 카드 지갑 완성!

Holly's 꿀팁

패턴을 깔끔하게 뜨기 위해서는 홀수 단을 뜰 때는 실을 뒤쪽으로 숨기면서 뜨고, 짝수 단을 뜰 때는 실을 앞쪽으로 숨겨가며 뜨는 게 좋습니다. 그러면 실이 한쪽 면에만 숨겨져 완성도가 훨씬 높아집니다.

책상 위에 올려놓고 스트레스를 받을 때마다 한 번씩 배를 꾹 눌러주면 기분이 좋아지는 인형이라서 스트레스볼이에요. 색상을 다르게 해서 곰돌이, 판다, 카피바라 등의 동물로도 응용해보세요!

07
나의 멘탈 매니절!
아기 돼지 스트레스볼

난이도 ✤✸✸

* 만드는 법이 유사한
  참고 영상입니다.

줄리엣실 63번   로미오실 22번

로미오실 21번   코바늘   눈 단추 4mm
              5/0호   (나사눈)

손이 가는 연결 과정 없이 귀와 다리까지 한 번에 뜨는 도안입니다. 한길긴뜨기 5코 구슬뜨기를 해주고 손으로 만져주면 더 입체적인 귀와 다리를 만들 수 있습니다. 돼지 볼에는 실제 제가 애용하는 볼터치를 칠해줬어요.

돼지 몸통(로미오실 21번, 베이비핑크)

1단(6): 매직링, 짧은뜨기 6, 빼뜨기

2단(12): 기둥사슬, 늘리기 6, 빼뜨기

3단(18): 기둥사슬, (짧은뜨기 1, 늘리기 1)×6, 빼뜨기

4단(24): 기둥사슬, (짧은뜨기 1, 늘리기 1, 짧은뜨기 1)×6, 빼뜨기

5단(24): 기둥사슬, 짧은뜨기 8, 한길긴뜨기 5코 구슬뜨기 1, 짧은뜨기 6, 한길긴뜨기 5코 구슬뜨기 1, 짧은뜨기 8, 빼뜨기

6단(30): 기둥사슬, (짧은뜨기 3, 늘리기 1)×6, 빼뜨기

7~17단(30): 기둥사슬, 짧은뜨기 30, 빼뜨기

18단(24): 기둥사슬, (짧은뜨기 3, 줄이기 1)×6, 빼뜨기

19단(24): 기둥사슬, 짧은뜨기 10, 한길긴뜨기 5코 구슬뜨기 1, 짧은뜨기 6, 한길긴뜨기 5코 구슬뜨기 1, 짧은뜨기 6, 빼뜨기

*7~8단 사이에 3코 간격으로 단추눈을 고정합니다.

20단(18): 기둥사슬, (짧은뜨기 2, 줄이기 1)×6, 빼뜨기
         *솜 채우기

21단(12): 기둥사슬, (짧은뜨기 1, 줄이기 1)×6, 빼뜨기

22단(6): 기둥사슬, 줄이기 6, 빼뜨기

실을 자르고 돗바늘로 마무리합니다.

이어서 ⇨

돼지 코(로미오실 22번, 분홍)

매직링, (짧은뜨기 2, 긴뜨기 2)×2, 빼뜨기

연결하기

코: 9~10단

눈: 7~8단 사이, 3코 간격

코를 연결하고 줄리엣실로 콧구멍을 만들어주세요.
볼터치로 마무리하면 돼지가 완성됩니다.

돼지 몸통

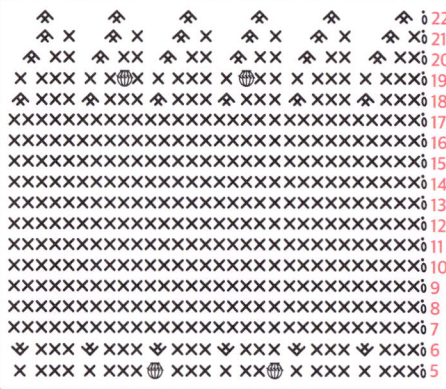

돼지 코

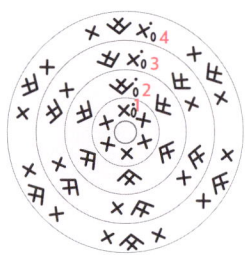

돼지 몸통

1. 도안을 보면서 4단까지 떠줍니다.

2. 5단에서는 기둥사슬 1개, 짧은뜨기 8번을 한 다음 한 길긴뜨기 5코 구슬뜨기(p.34)를 합니다.

3. 바로 다음 코부터 짧은뜨기를 6번 합니다.

4. 한길긴뜨기 5코 구슬뜨기 1번, 짧은뜨기 8번 한 다음 빼뜨기해주면 귀가 생깁니다.

5. 도안을 보면서 18단까지 떠서 몸통을 만들어줍니다.

6. 19단까지 뜨고 나면 발이 생깁니다.

7. 7~8단 사이에 3코 간격으로 단추눈을 고정합니다.

8. 20단을 뜨고 솜을 빵빵하게 채워줍니다.

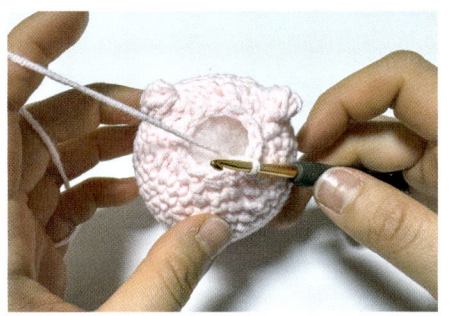

9. 21단은 기둥사슬 1개를 만들고 짧은뜨기 1번과 줄이기 1번을 6번 반복하고 빼뜨기해주세요.

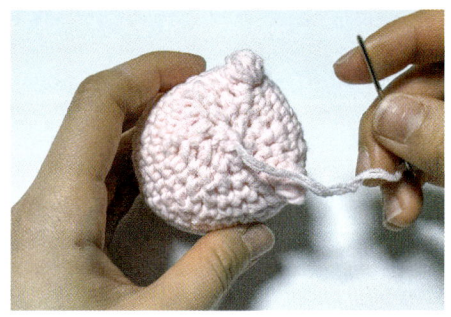

10. 22단까지 뜨고 돗바늘로 구멍을 모아주세요.

> 돼지 코

11. 몸통 완성!

12. 도안을 보면서 돼지코를 만들어주세요.

13. 돗바늘로 코와 돼지를 연결해줍니다. **Tip.** 이때 코의 반 코만 잡아서 이어주면 더 자연스럽게 연결됩니다.

14. 돗바늘에 흑갈색 실을 꿰어 콧구멍을 표현합니다.

15. 돼지 볼에 볼터치를 적당량 발라줍니다.

16. 돼지 스트레스볼 인형 완성!

매일 함께하는 립밤을 편하게 들고 다니기 위해 만든 립밤 케이스예요.
고리도 함께 만들어서 가방 끈에 바로 달아줄 수 있습니다! 눈사람에게
립밤을 잠시 맡겼다가 필요한 순간에 산타 모자를 당겨서 사용하세요.
크리스마스 시즌 선물로도 좋고, 트리 오너먼트로도 활용할 수 있어요.

난이도 ✖✖◯

사계절 내내 크리스마스!
눈사람 립밤 케이스

눈사람과 산타 모자를 따로 만들어서 눈사람의 고리와 산타 모자를 연결하는 도안입니다. 고리를 연결해 가방 끈에 달아주면 키링처럼 사용할 수 있어요. 고리 길이는 자유롭게 조절해주세요.

눈사람(로미오실 1번, 흰색)

1단(6): 매직링, 짧은뜨기 6, 빼뜨기
2단(12): 기둥사슬, 늘리기 6, 빼뜨기
3단(12): 기둥사슬, 짧은뜨기 12, 빼뜨기
4단(18): 기둥사슬, (짧은뜨기 1, 늘리기 1)×6, 빼뜨기
5단(18): 기둥사슬, 짧은뜨기 18, 빼뜨기
6단(24): 기둥사슬, (짧은뜨기 1, 늘리기 1, 짧은뜨기 1)×6, 빼뜨기
7단(24): 기둥사슬, 짧은뜨기 24, 빼뜨기
8단(18): 기둥사슬, (짧은뜨기 2, 줄이기 1)×6, 빼뜨기
9단(12): 기둥사슬 (짧은뜨기 1, 줄이기 1)×6, 빼뜨기
10단(18): 기둥사슬, (짧은뜨기 1, 늘리기 1)×6, 빼뜨기
11단(18): 기둥사슬, 짧은뜨기 18, 빼뜨기
12단(24): 기둥사슬, (짧은뜨기 1, 늘리기 1, 짧은뜨기 1)×6, 빼뜨기
13단(24): 기둥사슬, 짧은뜨기 24, 빼뜨기
14단(18): 기둥사슬, (짧은뜨기 2, 줄이기 1)×6, 빼뜨기
15단(12): 기둥사슬, (짧은뜨기 1, 줄이기 1)×6, 빼뜨기
16단(12): 기둥사슬, 짧은뜨기 12, 빼뜨기
사슬뜨기 40번 (고리)
연결할 실을 길게 남기고 잘라줍니다.

이어서 ⇨

산타 모자
(로미오실 1번, 흰색 / 로미오실 30번, 주황빛빨강)

1단(3): 매직링, 짧은뜨기 3, 빼뜨기
2단(6): 기둥사슬, 늘리기 3, 빼뜨기
　　　*마지막 코에서 색상 변경
3단(12): 기둥사슬, 늘리기 6, 빼뜨기
4~5단(12): 기둥사슬, 짧은뜨기 12, 빼뜨기
6단(18): 기둥사슬, (짧은뜨기 1, 늘리기 1)×6, 빼뜨기
　　　*마지막 코에서 색상 변경
7단(18): 기둥사슬, (긴뜨기 5, 긴뜨기 늘리기 1)×3, 빼뜨기

실을 자르고 돗바늘로 정리해주세요.

목도리 (로미오실 30번, 주황빛빨강)

실을 약 60cm 남기고 이중사슬뜨기 40번

실을 자르고 돗바늘로 정리해주세요.

눈사람에 눈과 당근 코, 볼터치를 해주고 목도리를 둘러주면 완성됩니다.

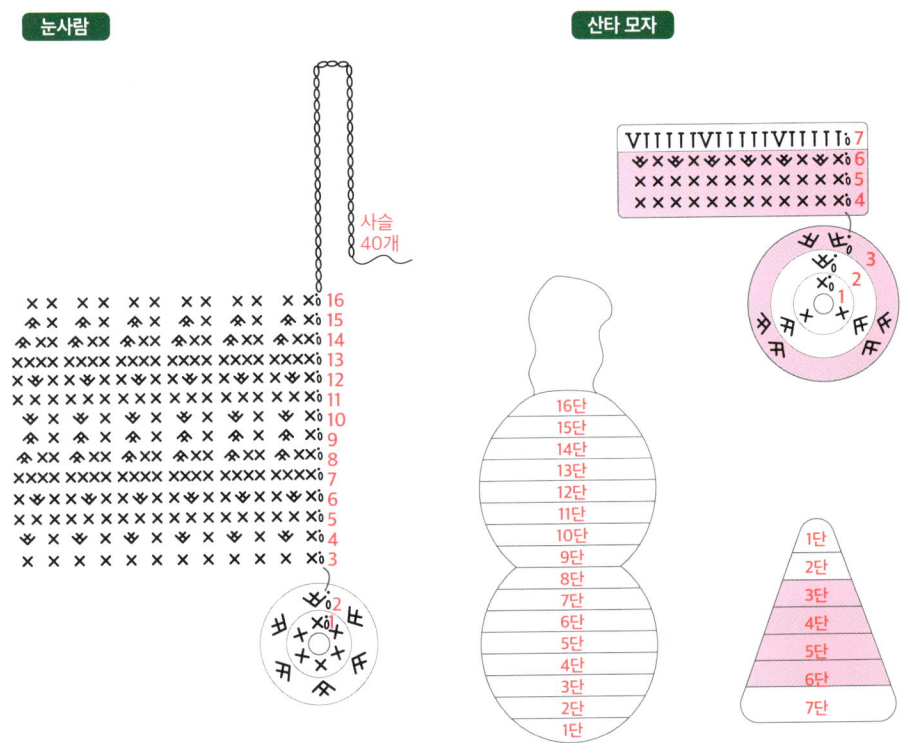

216

> 눈사람

1. 도안을 보면서 9단까지 떠서 눈사람 몸통을 만듭니다.

2. 도안을 보면서 16단까지 떠서 눈사람 머리를 만듭니다.

3. 사슬뜨기를 40번 한 다음 연결할 실을 남기고 잘라주세요.

> 산타 모자

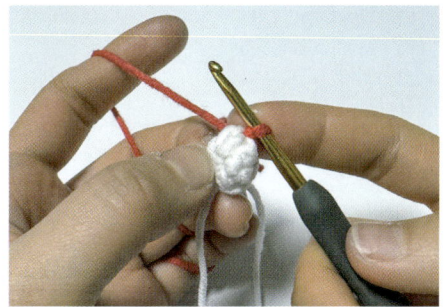

4. 산타 모자를 2단까지 뜬 다음 마지막 코에서 주황빛 빨강 실로 색상을 변경합니다.

5. 6단까지 뜬 다음 7단에서 다시 흰색 실로 바꿔 모자를 완성합니다.

> 목도리

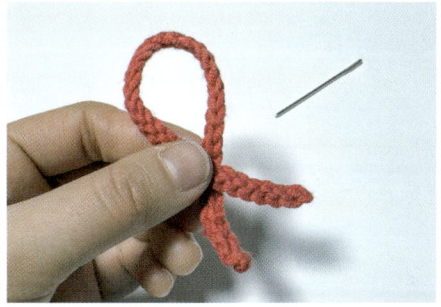

6. 이중사슬뜨기(p.219)를 40번 해서 약 20cm 목도리를 완성합니다.

연결하기

7. 눈사람의 사슬뜨기 고리를 돗바늘에 꿰어 산타 모자 2단과 3단 사이로 통과합니다.

8. 다시 산타모자 2단과 3단 사이로 끌고 나옵니다.

9. 반대쪽과 대칭이 되도록 고리 시작 부분에서 6코 떨어진 코에 바늘을 넣고 단단하게 이어주세요.

10. 눈사람과 산타 모자가 연결되었습니다.

눈·코 만들기

11. 흑갈색 실을 돗바늘에 꿰어 눈사람의 눈(위에서부터 4단)과 입(위에서부터 4~5단 사이)을 만들어줍니다.

12. 오렌지 실로 당근 코를 만들어줍니다.

13. 분홍색 실로 볼터치를 만들어주세요.

14. 목도리까지 둘러주면 눈사람 립밤 파우치 완성!

15. 립밤이 쏙 들어가는 사이즈예요. 고리를 가방에 걸고 다녀도 좋아요.

Holly's 꿀팁

이번 작품에서는 목도리를 만들 때 이중사슬뜨기 방법을 사용해요. 천천히 따라 해봅시다.

1. 시작 꼬리실을 약 60cm 정도 남겨서 잡고 시작매듭을 만들어줍니다.
2. 꼬리실을 바늘 앞에서 뒤로 한 번 감습니다.
3. 짧은뜨기하듯 한 번 더 실을 감습니다.
4. 걸려 있는 실 두 가닥을 모두 통과시켜주면 이중사슬뜨기가 됩니다.

지붕을 열어서 작은 립밤을 보관할 수 있는 립밤 집이에요.
특히 건조한 겨울철에 립밤을 넣어서 선물하면 센스 있는
최고의 선물이 됩니다! 지붕 색을 다양하게 바꿔 만들면서
내 집 마련의 꿈을 이렇게나마 실현해봐요.

09
내 집 마련 성공! 집 립밤 케이스

난이도 ✤✤♡

로미오실 30번
코바늘 5/0호
로미오실 76번
로미오실 73번

립밤은 길쭉한 모양만 있는 게 아니죠! 납작한 립밤을 좋아한다면 귀여운 집 모양 립밤 케이스를 만들어보세요. 납작 버섯, 단발머리 소녀 등으로 도안을 응용해볼 수 있어요.
*타원형뜨기 자세한 방법은 기타 도안(p.235) QR코드 영상 4단까지 참고해주세요.

집(로미오실 73번, 오트밀)

1단(12): 사슬뜨기 5, 기둥사슬 1, 짧은뜨기 4, 늘리기 1, 방향 돌려서 짧은뜨기 4, 늘리기 1, 빼뜨기
*첫 코와 5번째 사슬에 3코씩 *그림 도안 참고

2단(18): 기둥사슬 1, 늘리기 1, 짧은뜨기 3, 늘리기 3, 짧은뜨기 3, 늘리기 2, 빼뜨기

3~7단(18): 기둥사슬 1, 짧은뜨기 18, 빼뜨기

사슬뜨기 40개(고리)

연결할 실을 길게 남기고 잘라주세요.

지붕(로미오실 30번, 주황빛빨강)

1단(12): 사슬뜨기 5, 기둥사슬 1, 짧은뜨기 4, 늘리기 1, 방향 돌려서 짧은뜨기 4, 늘리기 1, 빼뜨기
*첫 코와 5번째 사슬에 3코씩 *그림 도안 참고

2단(18): 기둥사슬 1, 늘리기 1, 짧은뜨기 3, 늘리기 3, 짧은뜨기 3, 늘리기 2

이어서 ⇨

3단(24): 기둥사슬 1, 짧은뜨기 1, 늘리기 1, 짧은뜨기 3, (짧은뜨기 1, 늘리기 1)×3, 짧은뜨기 3, (짧은뜨기 1, 늘리기 1)×2, 빼뜨기

4~6단(24): 기둥사슬 1, 짧은뜨기 24, 빼뜨기

실을 자르고 정리해주세요.
갈색 실로 문을 만들고, 고리를 지붕에 통과해서 연결한 다음 대칭으로 연결해 완성합니다.

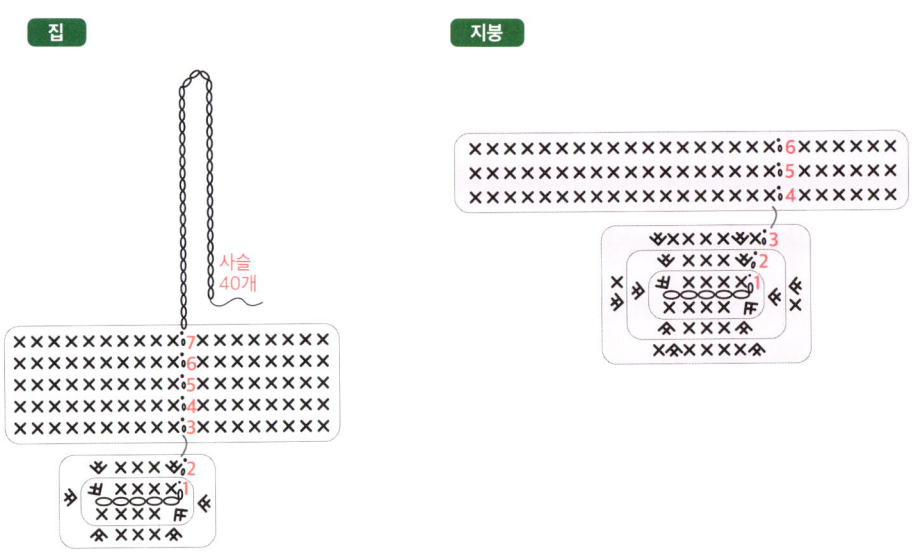

집

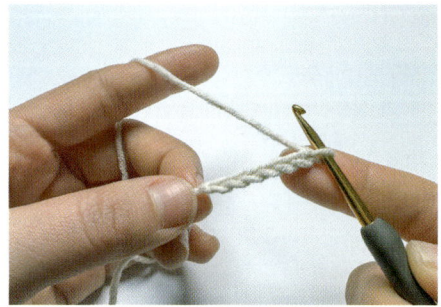

1. 사슬뜨기 5번으로 시작합니다.

2. 도안을 보면서 첫 번째 늘리기까지 한 다음 방향을 돌려서 대칭이 되게 짧은뜨기 4번과 늘리기를 해주면 첫 코와 마지막 사슬에서 각각 짧은뜨기 3코 늘리기가 됩니다. 빼뜨기해서 1단을 완성합니다.

3. 기둥사슬을 만들고 늘리기 1번, 짧은뜨기 3번을 합니다.

4. 3코에 짧은뜨기를 각 2개씩 해서 3코를 늘려주세요.

5. 짧은뜨기 3번, 늘리기 2번을 한 다음 빼뜨기로 2단을 완성합니다.

6. 7단까지 한 코에 짧은뜨기를 1번씩 해서 단을 올려주세요.

지붕

7. 실을 자르지 않고 사슬뜨기를 40개 한 다음 꼬리실을 길게 남기고 잘라주세요.

8. 지붕도 2단까지 집과 같은 방법으로 떠줍니다.

9. 도안을 보면서 3단을 떠줍니다.

10. 4~6단까지 한 코에 짧은뜨기를 하나씩 해서 지붕을 완성한 다음 실을 짧게 잘라 안쪽으로 숨겨주세요.

> **이어주기**

11. ⑦에서 길게 남겨준 실을 돗바늘에 꿰어 지붕 1단과 2단 사이 중앙으로 빼주세요.

12. 대칭이 되는 코에 다시 바늘을 넣고 실과 사슬을 빼주세요.

13. 집에서 사슬이 시작된 부분과 9코 떨어진 코에 바늘을 넣습니다.

14. 집과 고리가 단단히 연결될 수 있게 여러 번 오가며 이어주세요.

15. 집과 지붕이 이어졌습니다.

16. 갈색 실을 돗바늘에 꿰어 집 문을 만들어주세요.
Tip. 집을 뒤집어서 안쪽에서 묶어주면 더 단단하게 고정됩니다.

17. 집 립밤 케이스 완성!

18. 지붕을 열면 립밤이 쏙 들어가요. 다양한 색상으로 만들어보세요!

클래식의 대명사인 그래니스퀘어 모티프는 색 조합에 따라 느낌이 많이 달라지기 때문에 만드는 과정이 정말 즐겁습니다. 여러 장을 떠서 이어주면 담요가 되고, 조립 방식에 따라 조끼, 모자, 가방 등 다양한 작품을 만들 수 있어요. 여기에서는 코바늘이 쏙 들어가는 파우치를 만들 거예요!

10
큰-본! 모티프 한 장 코바늘 파우치

난이도

그래니스퀘어 한 장을 반 접어서 만드는 간단한 파우치입니다. 단 마지막마다 사슬뜨기를 해주는 이유는 실이 풀리지 않게 해주기 위해서예요! 너무 얇은 펜을 넣으면 구멍 사이로 빠져나올 수 있으니, 두꺼운 물건을 보관하는 용도로 활용해주세요. 이 도안에서는 사슬뜨기를 사슬로 표기했습니다. 괄호 안의 코는 모두 같은 코에 떠주세요.

그래니스퀘어 모티프

1단: 매직링, 사슬 3, 한길긴뜨기 2, 사슬 3, (한길긴뜨기 3, 사슬 3)×3, 빼뜨기, 사슬 1

실을 자르고 새로운 색상의 실로 바꿔주세요.

2단: 기둥사슬 3, 한길긴뜨기 2,사슬 1, (한길긴뜨기 3, 사슬 3, 한길긴뜨기 3, 사슬 1)×3, 한길긴뜨기 3, 사슬 3, 빼뜨기, 사슬 1

실을 자르고 새로운 색상의 실로 바꿔주세요. 모티프의 중간 구멍부터 시작합니다.

3단: 기둥사슬 3, 한길긴뜨기 2, 사슬 1, [(한길긴뜨기 3, 사슬 3, 한길긴뜨기 3, 사슬 1),(한길긴뜨기 3, 사슬 1)×3], (한길긴뜨기 3, 사슬 3, 한길긴뜨기 3, 사슬 1), 빼뜨기, 사슬 1

실을 자르고 새로운 색상의 실로 바꿔주세요. 3단에서 빼뜨기한 코 오른쪽 구멍부터 시작합니다.

이어서 ⇨

4단: 기둥사슬 3, 한길긴뜨기 2, 사슬 1, 한길긴뜨기 3, 사슬 1, [(한길긴뜨기 3, 사슬 3, 한길긴뜨기 3, 사슬 1) (한길긴뜨기 3, 사슬 1)×2]×3, (한길긴뜨기 3, 사슬 3, 한길긴뜨기 3, 사슬 1), 빼뜨기, 사슬 1

실을 자르고 새로운 색상의 실로 바꿔주세요. 4단에서 빼뜨기한 코 왼쪽 구멍부터 시작합니다.

5단: 기둥사슬 3, 한길긴뜨기 2, 사슬 1, 한길긴뜨기 3, 사슬 1, [(한길긴뜨기 3, 사슬 3, 한길긴뜨기 3, 사슬 1) (한길긴뜨기 3, 사슬 1)×3]×3, (한길긴뜨기 3, 사슬 3, 한길긴뜨기 3, 사슬 1), 한길긴뜨기 3, 사슬 1, 빼뜨기, 사슬 1

실을 자르고 정리해주세요.

이어주기 (연결 테두리)

기둥사슬 1, 짧은뜨기 32 *그림 도안 참고

그래니스퀘어 모티프를 반으로 접고, 겹쳐서 짧은뜨기로 이어줍니다.

파우치 상단 테두리

짧은뜨기 23, 파우치 상단 첫 짧은뜨기에 빼뜨기

겹치지 않은 상태로 한 코에 하나씩 떠줍니다(시작과 끝 구멍에는 짧은뜨기 2코씩).

상단 1~2단(23): 기둥사슬 3, 한길긴뜨기 22, 3번째 사슬에 빼뜨기

*이때 기둥사슬 3개는 한길긴뜨기 1개 역할입니다.

파우치 덮개

1단(11): 기둥사슬 3, 한길긴뜨기 10

2단(9): 기둥사슬 2, 한길긴뜨기 8, 한길긴뜨기 줄이기 1

첫 코 줄이기를 위해 기둥사슬 2개를 뜨고 다음 코에 한길긴뜨기를 떠줍니다.

3단(7): 기둥사슬 2, 한길긴뜨기 6, 한길긴뜨기 줄이기 1

실을 자르고 돗바늘로 마무리해주세요.

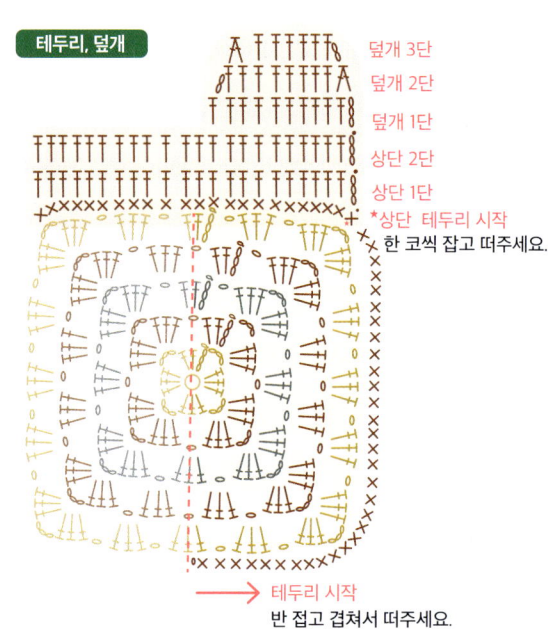

| 모티프

1. 도안을 보면서 1단을 뜨고 실을 약 7cm 남기고 잘라 줍니다.

2. 한쪽 모서리에 바늘을 넣고 카라멜색 실을 가져와서 2단을 떠주세요.

3. 도안을 보면서 2단을 뜬 다음 실을 짧게 남기고 잘라 줍니다.

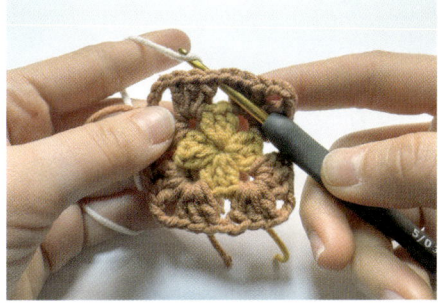

4. 3단은 테두리 한 면의 중앙에 바늘을 넣고 시작합 니다.

5. 오트밀색 실을 가져와 도안을 보면서 3단을 완성합 니다.

6. 4단은 3단에서 빼뜨기한 코 옆 구멍에서부터 시작 합니다.

7. 다시 카라멜색 실을 가져와 도안을 보면서 4단을 완성합니다.

8. 겨자색 실을 가져와 5단까지 완성합니다.

> 이어주기

9. 반을 접어서 테두리를 이을 때는 5단의 가운데 한길 긴뜨기 3코를 찾아주고 3코 중에 첫 번째 코와 세 번째 코에 첫 코를 뜹니다.

10. 반을 접어서 겹쳐진 가운데 양쪽 코에 바늘을 넣고 실을 끌고 옵니다.

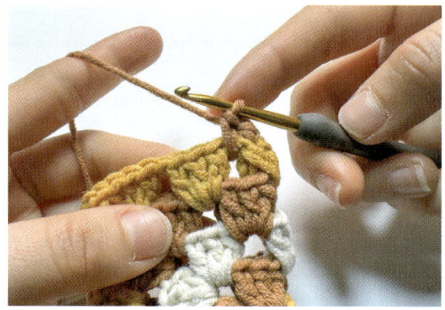

11. 기둥사슬을 1개 세우고 짧은뜨기해주세요.

12. 사슬뜨기 부분에서는 구멍에 바늘을 넣고 짧은뜨기해주세요.

13. 짧은뜨기를 9번 떠주면 모서리 부분이 나오는데, 여기에 짧은뜨기를 3번 해주세요.

14. 옆면을 계속해서 짧은뜨기해줍니다.

> 파우치 상단 테두리

15. 두 번째 모서리 구멍에는 짧은뜨기를 1번만 합니다.

16. 이제부터는 겹치지 않은 상태에서 한 코씩 떠줄 거예요.

17. 상단테두리에서 모서리 구멍에 짧은뜨기를 2코 떠주세요. **Tip.** 헷갈릴 것 같다면 단수링으로 표시해주세요.

18. 한 바퀴를 쭉 뜨고 마지막 모서리 구멍에도 짧은뜨기 2코를 떠주세요.

> 파우치 덮개

19. 첫 코에 빼뜨기해주면 파우치 테두리가 완성됩니다.

20. 기둥사슬 3개(첫 코), 한길긴뜨기 22번, 3번째 사슬에 빼뜨기해서 1단을 더 만듭니다.

21. ⑳을 한 번 더 반복해서 높이를 올려줍니다(원하는 만큼 단을 늘려도 좋아요).

22. 기둥사슬 3개, 한길긴뜨기 10번으로 덮개 1단을 떠줍니다.

23. 기둥사슬 2개, 한길긴뜨기 1번을 하고 한길긴뜨기 코에 단수링으로 표시해주세요.

24. 마지막 두 코는 한길긴뜨기 줄이기(p.30)를 하면 덮개 2단은 총 9코가 됩니다(한길긴뜨기 줄이기로 시작하는 단에서는 기둥사슬을 2개 만들고, 한길긴뜨기해주면 자연스럽게 줄이기가 됩니다. 이때 첫 코는 한길긴뜨기예요!).

25. 덮개를 3단까지 만든 다음 실을 잘라서 정리해주세요.

26. 솔트레지나 양면 자석 단추를 끼워서 잠금장치를 연결해줍니다.

27. 모티프 코바늘 파우치 완성!

이렇게도 만들 수 있어요

모티프를 3단까지 떠서 4~5장 붙여서 이어주면 귀여운 화분커버(팟커버)로 활용할 수 있습니다. 이 외에도 모티프를 무한으로 늘려서 블랭킷(담요), 조끼, 모자 등 다양하게 활용할 수 있어요. 실이 애매하게 남았을 때는 모티프를 하나씩 만들어서 모아두세요.

최근 밴드 음악 인기가 올라가면서 취미로 악기를 배우는 분도 많아지고 있는데요. 저도 록 밴드를 좋아해서 일렉 기타를 배우고 있어요. 미래의 제 결혼식에서 일렉 기타로 AC/DC 곡을 연주하며 입장하고 싶은 소소한 꿈이 있답니다. 하하! 어디에 달아도 멋있는 기타 키링을 같이 만들어봐요!

11
밴드 붐은 온다! 기타 피크 키링

난이도

바디 → 넥 → 헤드 순으로 기타의 부품 하나하나 만드는 재미가 쏠쏠한 도안입니다. 기타 피크 케이스로 활용한다면 아래 도안대로 떠주고, 솜을 넣은 인형 키링으로 만들고 싶다면 도안 마지막의 '응용' 도안을 참고해주면 됩니다. 단수링 보관 케이스로 활용해도 좋아요.

바디(로미오실 74번, 진한겨자)

1단(12): 사슬뜨기 5, 기둥사슬, 짧은뜨기 4, 늘리기 1, 방향 돌려서 짧은뜨기 4, 늘리기 1, 빼뜨기
*첫 코와 다섯 번째 사슬에는 총 3코가 들어갑니다.
*그림 도안 참고
2단(18): 기둥사슬, 늘리기 1, 짧은뜨기 3, 늘리기 3, 짧은뜨기 3, 늘리기 2, 빼뜨기
3~4단(18): 기둥사슬, 짧은뜨기 18, 빼뜨기
5단(16): 기둥사슬, (짧은뜨기 7, 줄이기 1)×2, 빼뜨기
6단(14): 기둥사슬, (짧은뜨기 6, 줄이기 1)×2, 빼뜨기
7단(12): 기둥사슬, (짧은뜨기 5, 줄이기 1)×2, 빼뜨기
8단(10): 기둥사슬, (짧은뜨기 4, 줄이기 1)×2, 빼뜨기
9단(12): 기둥사슬, 늘리기 1, 짧은뜨기 4, 늘리기 1, 사슬 4, 4코 건너뛰고 첫 코에 빼뜨기(피크 구멍)
10단(14): 기둥사슬, (늘리기 1, 짧은뜨기 5)×2, 빼뜨기
11단(16): 기둥사슬, 짧은뜨기 3, 늘리기 1, 짧은뜨기 6, 늘리기, 짧은뜨기 3, 빼뜨기

실을 길게 자르고, 반 코씩 만나는 부분을 돗바늘로 오가며 이어줍니다.

넥(로미오실 60번, 카라멜)

사슬뜨기 20, 기둥사슬 1, 짧은뜨기 20
연결할 실을 길게 남기고 잘라주세요.

기타 바디 위에서 세 번째 단에 연결하고, 바디 끝부분을 기준으로 접어서 겹쳐지게 이어주세요. *영상 참고

헤드(로미오실 74번, 진한겨자)

*넥에 바로 연결해서 떠줍니다.

1단(2): 기둥사슬 1, 짧은뜨기 2
2단(3): 기둥사슬 1, 짧은뜨기 1, 늘리기 1
3~7단(3): 기둥사슬 1, 짧은뜨기 3
8단(2): 기둥사슬 1, 짧은뜨기 1, 줄이기 1

연결할 실을 길게 남기고 잘라주세요.
헤드를 접어서 두 겹이 되게 이어줍니다.

사운드홀(로미오실 63번, 흑갈색)

1단(6): 매직링, 짧은뜨기 6, 빼뜨기
2단(9): 기둥사슬 1, (짧은뜨기 2, 늘리기 1)×2, 빼뜨기

글루건을 이용해 기타 바디에 붙여줍니다.
*바느질로 연결하는 분들은 파우치가 한 겹이 되지 않게 주의해주세요.

줄감개(로미오실 63번, 흑갈색)

갈색 실로 매듭을 두 번씩 묶어주세요.

+ 디테일 추가

사진과 같이 브리지와 새들을 만들어주면 기타 피크 키링 완성!

기타 바디

기타 넥

사슬 20개

기타 헤드

사운드홀

기타 넥

> 기타 바디

1. 사슬뜨기 5개로 시작합니다.

2. 기둥사슬 1개, 짧은뜨기 4번, 늘리기 1번을 해주고 방향을 돌려서 대칭으로 짧은뜨기 4번, 늘리기 1번을 해주면 첫 코와 마지막 사슬에서 짧은뜨기 3코 늘리기가 됩니다. 빼뜨기해주고 1단을 완성하세요.

3. 도안을 보면서 2단을 떠주세요.

4. 도안을 보면서 3~4단을 올려줍니다.

5. 5~8단까지는 콧수를 줄여가며 단을 올려줍니다.

6. 9단에서 사슬뜨기를 4번 진행해주세요.

7. 편물을 돌려줍니다.

8. 4코 건너뛰고 첫 코에 빼뜨기하면 기타 피크 구멍이 만들어집니다.

9. 10단에서 마지막 짧은뜨기 4번은 전부 구멍 안에 바늘을 넣고 해주세요.

10. 11단까지 뜬 다음 실을 길게 남기고 잘라주세요.

11. 기타 피크 구멍이 가운데로 오도록 납작하게 눌러가며 모양을 잡아주세요.

12. 꼬리실을 돗바늘에 꿰어 가운에 반 코씩만 잡고 오가며 구멍을 막아주세요.

13. 남은 꼬리실을 잘라 정리하면 기타 바디가 완성됩니다.

> 기타 넥

14. 도안을 보면서 넥 부분을 뜨고 실을 길게 남겨 잘라주세요.

> 이어주기

15. 기타 바디 9단(위에서 세 번째 단)에 연결합니다.

16. 돗바늘을 오가며 바디 11단까지 이어줍니다.
Tip. 기타 바디가 겹치지 않게 주의해주세요.

17. 넥을 기타 바디에 닿을 만큼 접은 다음 돗바늘을 넥의 겹친 부분에 통과시켜주세요.

18. 기타 바디 윗부분 가운데 반 코에 실을 통과시켜주세요.

19. 기타 넥과 바디를 잡고 넥의 겹친 부분을 오가며 단단하게 이어줍니다.

20. 실이 바디 윗부분까지 오면 넥과 바디를 겹쳐서 단단하게 이어줍니다.

기타 헤드

21. 실을 안쪽으로 보내서 구멍 부분에서 묶어 정리합니다.

22. 넥 끝부분에 바늘을 넣고 실을 끌고 온 다음 기둥사슬 1개, 짧은뜨기 2번으로 헤드를 시작합니다.

23. 방향을 돌려서 도안을 보며 2단을 떠주세요.

24. 3~7단까지 도안을 보면서 단을 올려줍니다.

25. 8단까지 뜬 다음 꼬리실을 길게 남기고 잘라주세요.

26. 완성된 헤드는 앞쪽으로 반 접어서 두 겹이 겹치게 모양을 잡아 이어주세요.

> 사운드홀

27. 도안을 보면서 사운드홀을 만들고 꼬리실을 짧게 잘라 정리해주세요.

28. 글루건으로 바디 6~9단 사이에 사운드홀을 붙여주세요.

> 줄감개

29. 돗바늘에 실을 꿰어서 실 끝부분에 매듭을 2번 묶어주세요.

30. 기타 헤드 윗부분으로 통과시킵니다. 이때 너무 세게 잡아당기면 실이 빠질 수 있으니 주의해주세요.

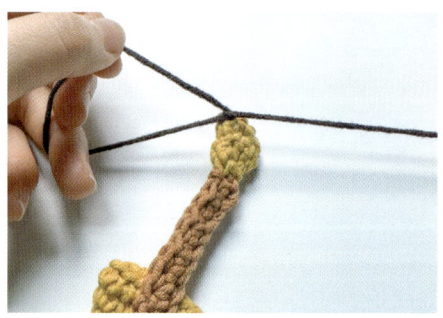

31. 반대쪽에서 나온 실도 매듭을 2번 묶어서 줄감개를 만들어주세요.

32. 실을 끊지 않고 다시 나온 곳으로 들어가 반대쪽으로 나오고 매듭을 만드는 것을 반복해서 총 6개의 줄감개를 만들어주세요.

33. 흑갈색 실로 기타 브리지를 표현해주세요.

34. 흰색 실로 기타 새들을 표현해주세요.

35. 기타 피크 케이스 완성! 얇은 피크를 보관할 수 있어요.

> ### 이렇게도 만들 수 있어요
>
> #### 솜을 채워 기타 인형 키링 만들기
>
>
>
> 바디 9단에서 사슬뜨기 대신 짧은뜨기해주고, 솜을 채워서 연결하면 기타 인형 키링이 완성됩니다.
>
> **바디 9단(12):** 기둥사슬 1, 늘리기 1, 짧은뜨기 4, 늘리기 1, 짧은뜨기 4, 빼뜨기

책갈피는 아무리 많아도 부족하더라고요! 원래 저는 책과 거리가 먼 사람이었는데, 2년 전 카페에서 책 읽는 분을 보고 멋있어서 그때부터 독서 모임에 들어가 책 읽는 습관을 들였어요. 지금까지 매달 한두 권씩은 꼭 읽고 있어요. 책 사이에 삐쭉 나온 고양이와 함께하면 독서 시간이 더욱 즐거워질 거예요!

독서 왕이 될 거야! 검은 고양이 책갈피

난이도 ✿✿✿

로미오실 6번

로미오실 69번 코바늘 5/0호

단마다 방향을 돌려가며 뜨는 평면뜨기 도안입니다. 귀여운 고양이 패치를 만들고 사슬뜨기로 끈을 만들어서 책갈피로 활용할 수 있어요. 고양이 패치 자체로도 귀여워서 뜨개 지갑이나 가방 혹은 옷에 포인트로 붙여줘도 좋습니다.

고양이(로미오실 69번, 검정)

1단(5): 사슬뜨기 5, 기둥사슬 1, 짧은뜨기 5
2단(6): 기둥사슬 1, 늘리기 1, 짧은뜨기 4
3단(6): 기둥사슬 1, 짧은뜨기 6, 사슬뜨기 4, 기둥사슬 1, 빼뜨기 4 *꼬리
4단(5): 줄이기 1, 짧은뜨기 4
5단(3): 기둥사슬 1, 늘리기 1, 짧은뜨기 1
6단(3): 기둥사슬 1, 짧은뜨기 3
7단: (사슬뜨기 2-빼뜨기), 빼뜨기, (빼뜨기-사슬뜨기 2-빼뜨기)

실을 자르고 돗바늘로 정리해주세요.

책갈피 끈(로미오실 6번, 베이지)

고양이 1단 가운데 사슬에 새로운 실을 연결합니다.
원하는 책 길이만큼 사슬뜨기해주세요. 저는 약 45개 해줬어요.
기둥사슬 1개, 빼뜨기를 끝까지 해주세요.
실을 연결한 가운데 사슬에 빼뜨기하고 실을 잘라서 돗바늘로 정리해주세요.

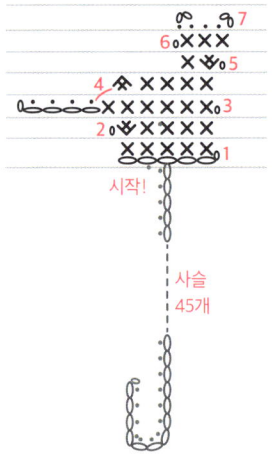

1. 사슬뜨기 5개로 시작합니다.

2. 도안을 보면서 3단 짧은뜨기 6번까지 떠주세요.

3. 사슬뜨기를 4번 해줍니다.

4. 기둥사슬 1개, 빼뜨기 4번 해서 꼬리를 만들어주세요.

5. 도안을 보면서 4~6단까지 떠서 머리를 만들어주세요.

6. 사슬뜨기를 2번 한 다음 첫 코에 빼뜨기합니다.

7. 두 번째와 세 번째 코에도 빼뜨기를 1번씩 합니다.

8. 다시 사슬을 2개 만들어서 세 번째 코에 1번 더 빼뜨기해주세요.

책갈피 끈

9. 실을 자르고 돗바늘로 정리하면 고양이 패치가 완성됩니다.

10. 고양이를 뒤집어서 가운데 사슬에 바늘을 넣고 실을 끌고 나옵니다.

11. 원하는 길이가 나올 때까지 사슬뜨기를 해줍니다.

12. 기둥사슬 1개를 만들어서 끝까지 빼뜨기해줍니다.

13. 마지막 빼뜨기는 사슬이 시작된 코 사슬에 해주세요.

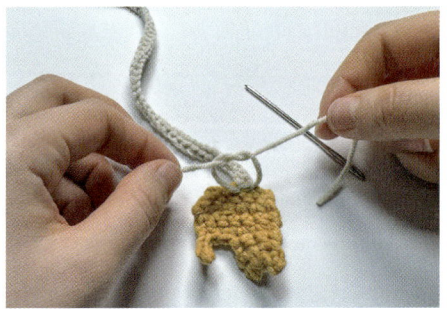

14. 꼬리실을 묶어서 짧게 자르고 정리합니다.

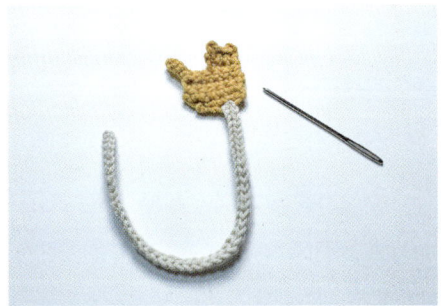

15. 고양이 책갈피가 완성되었습니다.

뜨개질을 하다 보면 "손목 괜찮으세요?", "손목 아플 때 어떻게 해요?" 같은 질문을 많이 받곤 해요. 저는 뜨개질할 때보다 컴퓨터 앞에서 장시간 편집하거나 도안을 작업할 때 손목에 무리가 가더라고요. 그래서 손목 보호를 위해 솜을 가득 채운 부드러운 받침대를 만들었는데, 이제는 없어서는 안 되는 필수템이 되었어요!

난이도 ✿✿♡

내 손목을 부탁해!
메론빵 거북이 손목 받침대

솜을 가득 채운 부드러운 거북이 등딱지에 얼굴과 다리를 이어주는 도안입니다. 이번에도 빈틈없는 원형을 만들기 위해 기둥사슬 3개를 1개의 코로 대체하지 않을게요! 빨간색 실로 만들면 토마토 거북이, 흰색 위에 노란색을 올려주면 계란프라이 거북이도 만들 수 있어요. 등딱지 색상에 따라 완전히 다른 거북이를 만들 수 있는 재밌는 도안이에요.

등딱지
(로미오실 80번, 네온배추 / 로미오실 73번, 오트밀)

*계속 기둥사슬 3개와 첫 번째 한길긴뜨기를 같은 자리에 떠주고 첫 번째 한길긴뜨기에 빼뜨기해주세요.

1단(12): 매직링, 기둥사슬 3, 한길긴뜨기 12, 빼뜨기
2단(24): 기둥사슬 3, 한길긴뜨기 늘리기 12, 빼뜨기
3단(36): 기둥사슬 3, (한길긴뜨기 1, 한길긴뜨기 늘리기 1)×12, 빼뜨기
4단(48): 기둥사슬 3, (한길긴뜨기 1, 한길긴뜨기 늘리기 1, 한길긴뜨기 1)×12, 빼뜨기
5~6단(48): 기둥사슬 3, 한길긴뜨기 48, 빼뜨기
  *6단 마지막 코에서 색상 변경
7단(36): 기둥사슬 3, (한길긴뜨기 이랑뜨기 2, 한길긴뜨기 이랑뜨기 줄이기 1)×12, 빼뜨기
  *7단은 뒤에 반 코만 잡고 떠주는 이랑뜨기를 놓치지 마세요.
8단(24): 기둥사슬 3, (한길긴뜨기 1, 한길긴뜨기 줄이기 1)×12, 빼뜨기
9단(12): 기둥사슬 3, 한길긴뜨기 줄이기 12, 빼뜨기
  *솜 채우기

이어서 ⇨

10단(6): 기둥사슬 3, 한길긴뜨기 줄이기 6, 빼뜨기

돗바늘로 마무리하고 실을 정리해주세요.
노란색 실로 무늬를 만들어주세요.

거북이 얼굴 (로미오실 73번, 오트밀)

거북이 얼굴과 다리는 전부 짧은뜨기로 떠주세요.

1단(6): 매직링, 짧은뜨기 6, 빼뜨기
2단(12): 기둥사슬, 늘리기 6, 빼뜨기
3단(18): 기둥사슬, (짧은뜨기 1, 늘리기 1)×6, 빼뜨기
4단(24): 기둥사슬, (짧은뜨기 1, 늘리기 1, 짧은뜨기 1)×6, 빼뜨기
5~6단(24): 기둥사슬, 짧은뜨기 24, 빼뜨기
7단(18): 기둥사슬, (짧은뜨기 2, 줄이기 1)×6, 빼뜨기
8단(18): 기둥사슬, 짧은뜨기 18, 빼뜨기
9단(12): 기둥사슬, (짧은뜨기 1, 줄이기 1)×6, 빼뜨기
10단(12): 기둥사슬, 짧은뜨기 12, 빼뜨기

연결할 실을 길게 남기고 잘라주세요.
3단과 4단 사이에 4코 간격으로 눈을 연결하고 솜을 소량 채워주세요.

거북이 다리(×4) (로미오실 73번, 오트밀)

1단(6): 매직링, 짧은뜨기 6, 빼뜨기
2단(12): 기둥사슬, 늘리기 6, 빼뜨기
3단(18): 기둥사슬, (짧은뜨기 1, 늘리기 1)×6, 빼뜨기
4단(12): 기둥사슬, (짧은뜨기 1, 줄이기 1)×6, 빼뜨기
5단(12): 기둥사슬, 짧은뜨기 12, 빼뜨기

연결할 실을 길게 남기고 잘라주세요.
등껍질 7단과 8단 사이에 거북이 머리와 다리를 연결해주세요.

거북이 등딱지

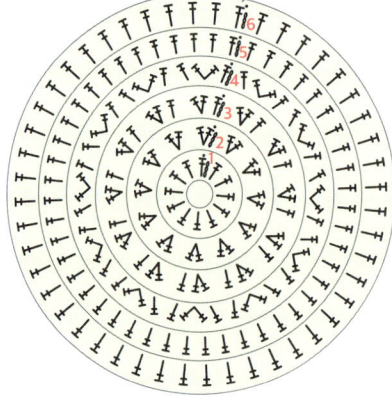

거북이 얼굴

거북이 다리(×4)

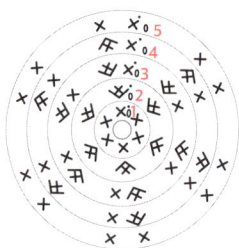

> 등딱지

1. 도안을 보면서 1~6단까지 떠주고 마지막 한길긴뜨기에서 오트밀색 실로 변경합니다.

2. 7단은 전부 뒤에 반 코에만 이랑뜨기로 떠주세요.

3. 이랑뜨기로 한 바퀴를 뜨고 나면 거북이 등껍질과 배가 구분됩니다.

4. 도안을 보면서 9단까지 뜬 다음 솜을 가득 채워줍니다. **Tip.** 이때 손목을 받쳐보면서 솜의 양을 조절해주세요. 단단한 받침대를 원하면 솜을 가득 채워주시면 됩니다!

5. 10단까지 뜨고 실을 잘라 돗바늘에 꿰어 구멍을 모아줍니다.

6. 거북이 등딱지가 완성되었습니다.

> 거북이 얼굴

7. 도안을 보면서 거북이 얼굴을 만들고 꼬리실을 길게 남기고 잘라주세요.

8. 나사눈을 얼굴의 3단과 4단 사이에 4코 간격으로 붙여줍니다.

9. 머리에 솜을 소량 채워주세요.

> 이어주기

10. 머리를 납작하게 접어서 만나는 두 코에 돗바늘을 통과시킵니다.

11. 꼬리실을 돗바늘에 꿰고 몸통의 7단과 8단 사이에 머리를 연결합니다.

12. 거북이 얼굴이 연결되었습니다.

> 거북이 다리

13. 도안을 보면서 거북이 다리를 4개 만들어주세요 (솜은 채우지 않아요).

14. 앞다리는 얼굴에서 1~2코 떨어진 위치에, 뒷다리는 앞다리와 3~4코 떨어진 위치에 연결합니다(원하는 위치에 자유롭게 연결해주세요!).

15. 돗바늘에 노란색 실을 꿰어 메론빵 무늬를 만들어 주세요.

16. 귀여운 메론빵 거북이 완성!

이렇게도 만들 수 있어요

등껍질을 빨간색 실로 떠주고, 동글동글한 토마토 꼭지를 만들어서 '토마토 거북이' 손목 받침대도 만들어보세요.

토마토 꼭지

1단(5): 매직링, 짧은뜨기 5, 빼뜨기
2단(10): 기둥사슬, 늘리기 5, 빼뜨기
3단(15): 기둥사슬, (짧은뜨기 1, 늘리기 1)×5
4단: [빼뜨기, (한 코에 긴뜨기-한길긴뜨기-두길긴뜨기-한길긴뜨기-긴뜨기), 빼뜨기]×5
열결할 실을 길게 남기고 잘라주세요.

뜨바오 인형과는 특별한 추억이 있어요. 저는 좋아하는 일을 하면서 많은 사람을 행복하게 해주는 게 꿈이에요. 그래서 도안 판매 수익금을 100% 기부하는 '기부 도안 프로젝트'를 준비하며 뜨바오 도안을 제작했습니다. 하루 만에 180명 넘게 참여해주셔서 70만 원을 기부할 수 있었어요. 이 작은 판다 인형이 많은 사람에게 행복을 전할 수 있게 되어서 행복했습니다. 여러분도 그 기분을 함께 느꼈으면 해요. 언제나 사랑과 행복이 가득한 뜨개 시간이 되길 바랍니다!

난이도 ✖✖✖

행복을 전하는
아기 판다 뜨바오 인형

다리 한쪽을 먼저 뜨고 반대쪽 다리를 뜬 다음 두 다리를 같이 이어서 얼굴까지 쭉 떠주는 도안입니다. 통통한 볼과 짧은 팔다리가 매력적이에요. 저는 코바늘 인형을 뜨면서 뜨개질의 재미에 더 빠져버렸어요. 여러분도 뜨개 인형의 재미를 알면 계속 만들게 될 거예요. 그 시작을 뜨바오와 함께해보세요!

다리A(로미오실 67번, 진회색)

1단(6): 매직링, 짧은뜨기 6, 빼뜨기

2단(12): 기둥사슬, 늘리기 6, 빼뜨기

3~4단(12): 기둥사슬, 짧은뜨기 12, 빼뜨기

실을 짧게 자르고 안쪽으로 숨겨주세요.

다리B+몸통+얼굴
(로미오실 1번, 흰색 / 로미오실 67번, 진회색)

1단(6): 매직링, 짧은뜨기 6, 빼뜨기

2단(12): 기둥사슬, 늘리기 6, 빼뜨기

3~4단(12): 기둥사슬, 짧은뜨기 12, 빼뜨기
  *4단의 마지막 코에서 색상 변경

5단: 기둥사슬, 짧은뜨기 10, 사슬 2, 다리A에서 짧은뜨기 12, 사슬에 짧은뜨기 2, 다리B 남은 두 코에 짧은뜨기 2, 빼뜨기

6~9단(28): 기둥사슬, 짧은뜨기 28, 빼뜨기
  *9단의 마지막 코에서 색상 변경

10단(21): 기둥사슬, (짧은뜨기 2, 줄이기 1)×7, 빼뜨기

11~12단(21): 기둥사슬, 짧은뜨기 21, 빼뜨기
  *12단의 마지막 코에서 색상 변경

이어서 ⇨

13단(28): 기둥사슬, (짧은뜨기 2, 늘리기 1)×7, 빼뜨기
14단(35): 기둥사슬, (짧은뜨기 3, 늘리기 1)×7, 빼뜨기
15단(42): 기둥사슬, (짧은뜨기 4, 늘리기 1)×7, 빼뜨기
16단(42): 기둥사슬, 짧은뜨기 42, 빼뜨기
17단(32): 기둥사슬, 짧은뜨기 3, 줄이기 5, 짧은뜨기 12, 줄이기 5, 짧은뜨기 7, 빼뜨기
18단(26): 기둥사슬, 짧은뜨기 4, 줄이기 3, 짧은뜨기 8, 줄이기 3, 짧은뜨기 8, 빼뜨기
19~21단(26): 기둥사슬, 짧은뜨기 26, 빼뜨기
22단(20): 기둥사슬, (짧은뜨기 2, 줄이기 1)×6, 짧은뜨기 2, 빼뜨기
23단(14): 기둥사슬, (짧은뜨기 1, 줄이기 1)×6, 짧은뜨기 2, 빼뜨기 *솜 채우기
24단(7): 기둥사슬, 줄이기 7, 빼뜨기
실을 자르고 돗바늘로 마무리합니다.

귀(×2)(로미오실 67번, 진회색)
1단(6): 매직링, 짧은뜨기 6, 빼뜨기
2단(9): 기둥사슬, (짧은뜨기 1, 늘리기 1)×3, 빼뜨기
3단(9): 기둥사슬, 짧은뜨기 9, 빼뜨기
연결할 실을 길게 남기고 잘라주세요.

팔(×2)(로미오실 67번, 진회색)
1단(6): 매직링, 짧은뜨기 6, 빼뜨기
2~6단(6): 기둥사슬, 짧은뜨기 6, 빼뜨기
연결할 실을 길게 남기고 잘라주세요.

17~18단에서의 줄이기는 '티 안 나는 줄이기'(p.39) 대로 하면 더 좋아요.

눈(×2)(로미오실 67번, 진회색)
1단: 매직링, 짧은뜨기 5, 빼뜨기
2단: (기둥사슬, 긴뜨기 1, 사슬뜨기 1), 다음 코에 빼뜨기
연결할 실을 길게 남기고 잘라주세요. 글루건으로 연결하려면 짧게 잘라서 정리해주세요.

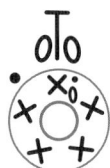

코(로미오실 1번, 흰색)
1단(6): 매직링, 짧은뜨기 6, 빼뜨기
2단(10): 기둥사슬, 짧은뜨기 1, 늘리기 4, 짧은뜨기 1, 빼뜨기
연결할 실을 길게 남기고 잘라주세요.

꼬리
매직링, 짧은뜨기 6, 빼뜨기
연결할 실을 길게 남기고 잘라주세요.

연결하기
귀: 위에서부터 4~7단
눈: 위에서부터 6~8단
코: 위에서부터 7~10단
팔: 12단
꼬리: 6~7단

| 다리A | 다리B·몸통·얼굴 |

1. 도안을 보면서 다리A를 뜨고 꼬리실을 안쪽으로 숨겨서 정리해주세요.

2. 다리B는 4단 마지막 코에서 흰색 실로 변경합니다.

3. 5단에서 기둥사슬 1개, 짧은뜨기 10번을 해주고 사슬뜨기를 2번 합니다.

4. 다리A에 바늘을 넣고 짧은뜨기를 하며 두 다리를 이어줄게요.

5. 다리A에서 짧은뜨기를 12번 떠줍니다.

6. ③에서 만든 사슬 2개에 각각 짧은뜨기를 한 코씩 해주세요.

7. 다리B에 남아 있는 두 코에 짧은뜨기를 하고 첫 코에 빼뜨기합니다.

8. 6단부터 한 코에 하나씩 짧은뜨기합니다.

9. 6단을 뜰 때 5단에서 만들었던 사슬뜨기 부분도 잘 찾아서 짧은뜨기를 해주세요.

10. 바로 옆에 있는 코에도 짧은뜨기해주세요.

11. 6단의 총 콧수는 28개입니다(꼭 확인하고 넘어가 주세요).

12. 9단까지 단을 올려주고 9단 마지막 코에서 진회색 실로 변경합니다.

13. 10~12단까지 단을 올려주고 12단 마지막 코에서 흰색 실로 변경합니다.

14. 13~15단까지 도안을 보면서 코를 늘려주세요. 통통한 볼을 만드는 단계예요.

15. 도안을 보면서 23단까지 뜬 다음 솜을 채워줍니다. 다리 끝부분까지 골고루 채워주세요.

16. 마지막 단까지 뜨고 실을 짧게 자른 다음 돗바늘로 실을 숨겨주세요.

 귀

17. 도안을 보면서 귀를 2개 만듭니다.

18. 머리 위에서부터 4~7단 사이에 귀를 연결합니다.

팔

19. 귀의 남은 꼬리실은 두 가닥이 만날 수 있게 같은 구멍으로 빼서 묶어줍니다.

20. 도안을 보면서 팔을 2개 만듭니다.

21. 위에서부터 12단에 팔을 연결합니다(얼굴과 몸통 경계 부분).

22. ⑲와 같은 방법으로 실을 정리합니다.

눈

23. 도안을 보면서 눈을 2개 만듭니다. 글루건을 이용한다면 실을 짧게 잘라 정리하고 돗바늘로 연결한다면 꼬리실을 길게 남겨주세요.

24. 흰색 실로 표정을 만들어주세요.

| 코 |

25. 도안을 보면서 코를 뜨고 검은색 실로 입 모양을 만들어주세요.

26. 글루건으로 눈과 코를 붙여주세요(눈 6~8단 사이, 코 7~10단 사이).

27. 도안을 보며 꼬리를 떠서 엉덩이 부분에 붙여주세요.

28. 귀여운 아기판다 뜨바오가 완성됩니다!

Holly's 꿀팁

지금까지 배운 간단한 뜨개 기법들을 활용해 작은 인형을 위한 소품들을 같이 만들어봐요. 뜨바오는 물론 어떤 솜 인형에 코디해도 귀여운 아이템들로 준비했습니다.

네잎클로버 가방(로미오실 47번)

p.53에서 네잎클로버 잎 부분까지만 만들고 원하는 길이가 될 때까지 사슬뜨기합니다. 가운데에 빼뜨기하고 실을 잘라 정리해주세요. 저는 사슬을 약 30개 만들어줬습니다.

붕어빵 가방(줄리엣실 74번)

p.66에서 만든 붕어빵에 원하는 길이가 될 때까지 사슬뜨기합니다. 가운데에 빼뜨기하고 실을 잘라 정리해주세요. 로미오실보다 얇은 줄리엣실로 만들면 사이즈가 작아져 더 귀여워요. 권장 바늘인 3호로 떠주세요!

야구 모자(로미오실 30번, 38번)

1단(6): 매직링, 짧은뜨기 6, 빼뜨기

2단(12): 기둥사슬, 늘리기 6, 빼뜨기

3단(18): 기둥사슬, (짧은뜨기 1, 늘리기 1)×6, 빼뜨기

4~6단(18): 기둥사슬, 짧은뜨기 18, 빼뜨기

7단: 빼뜨기 6, 긴뜨기 늘리기 1, 한길긴뜨기 늘리기 2, 긴뜨기 늘리기 1, 빼뜨기 7

(*7단에서 빼뜨기는 손에 힘을 풀고 느슨하게 해주세요.)

실을 자르고 정리해줍니다.

원하는 자수를 넣어주면 모자 완성! 저는 야구팀 로고를 새겨서 선물했어요. 키링으로 만들어도 좋아요.

뜨바오 모자

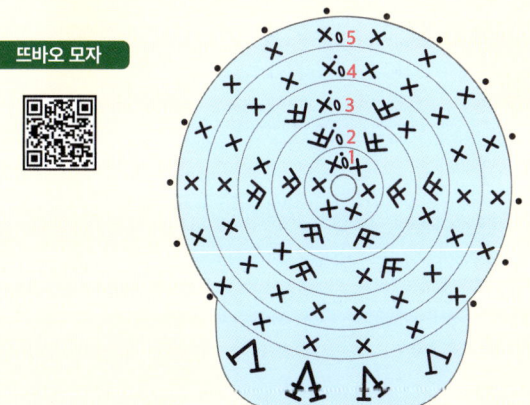

뜨개에 정답은 없다!
나만의 뜨개 도안을 만드는 방법

뜨개 강의를 하러 가면, 수업 시작 전에 항상 묻는 질문이 있는데요!
"뜨개를 잘하게 되면 가장 만들고 싶은 것은 무엇인가요?"
수강생들은 모자, 가방, 키링, 인형, 옷 등 정말 다양한 답변을 내놓습니다.
그럴 때마다 저는 이렇게 말씀드려요.

"이번 수업이 끝나면, 원하는 모든 것을 다 만들 수 있게 될 거예요!"

이 말을 할 때마다 수강생들의 눈빛이 더욱 빛나는 것을 느낍니다.
실제로 코바늘 뜨개는 입문 단계를 넘기기만 하면,
이후에는 비슷한 기법이 반복되어 어떤 것이든 만들 수 있게 됩니다.

코바늘 뜨개에는 외워야 할 복잡한 공식도, 꼭 지켜야 할 규칙도 없습니다.
그래서 저는 코바늘에는 정답이 없다고 생각해요.
이 점이 제가 코바늘 뜨개를 더 좋아하게 된 이유이기도 합니다.

다양한 도안을 보면서 작품을 만들어보면, 점점 뜨개 기법이 이해가 되면서
여러분이 원하는 모든 것을 만들 수 있게 될 거예요.

제가 뜨개 도안을 만드는 방법은 생각보다 간단한데요.
지금부터 그 과정을 보여드릴게요!

① 작품 구상하기

가장 먼저 어떤 걸 만들지 생각해보세요. 저는 주로 주변을 보며 아이디어를 떠올립니다. 특히 작업실에는 제가 좋아하는 것이 가득 차 있어서, 조금만 둘러봐도 "아! 이거 뜨개로 만들면 귀엽겠다!"라는 생각이 들어요. 여러분도 일상생활이나 가방 속 물건들을 한번 살펴보세요.

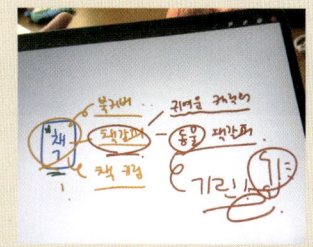

예를 들어, 가방에 보조배터리가 있다면 "보조배터리 케이스를 만들어야겠다!"라는 아이디어가 떠오를 거예요. 요즘 저는 책을 많이 사서 책상 위에 아직 읽지 않은 책들이 눈에 띄어 책갈피를 만들어볼까 합니다. 하하.

② 작품 그려보기

머릿속에 구상한 작품을 이미지화하는 과정입니다. 종이와 펜을 준비하고, 어떤 크기로 만들지, 어떤 색을 사용할지 간단하게 적어보세요. 그림을 그려도 좋습니다.

저는 동물 모양, 그중에서도 목이 긴 기린이 길쭉한 책갈피와 잘 어울릴 것 같아서 기린 모양으로 만들어보려고요. 핀터레스트에서 만들고 싶은 동물 이미지와 일러스트를 찾아 색상을 정해주었습니다.

③ 직접 떠보기!

저는 평면 모양의 기린 책갈피를 만들 거예요. 그래서 노란색 실로 기린 몸통부터 떠주고, 기다란 목을 만들어줬습니다. 그리고 동글동글한 얼굴을 따로 뜨고, 갈색 실로 뿔과 다리를

만들어주니 머릿속에 있던 기린 책갈피가 탄생했어요(이때가 가장 뿌듯합니다!).

물론 저도 모양이 마음에 들지 않아 다시 뜨기도 하지만, 이 과정도 하다 보면 푸는 횟수가 줄어듭니다.

④ 도안 완성!

저는 뜨개 도안이 요리 레시피와 같다고 생각해요. 맛있는 레시피를 찾으면 공유하고 싶듯이, 제가 만든 귀여운 도안들을 많은 분과 함께 나누고 싶어서 인스타그램을 시작했답니다. 여러분도 자기만의 도안을 만들어 공유해보는 건 어떨까요?

뜨개에는 정답이 없으니, 도안 만드는 걸 너무 어렵게 생각하지 마세요.
"내 눈에 귀여우면 정답이지!"라는 마음으로 도안 제작에 도전하다 보면,
분명 마음에 드는 작품이 나오고, 여러분의 작품을 좋아해주는 사람들이 모일 거예요.
여러분의 작품들도 기대됩니다! 완성되면 저에게도 꼭 보여주세요.

COLOR SWATCH
로미오실

실 색상 선택에 도움을 드리기 위해 컬러 스와치를 준비했어요!
다만, 인쇄된 색상은 실제 실 색상과 조금 다를 수 있으니 참고해주세요 :)

홀리의
코바늘 키링

펴낸날 초판 1쇄 2025년 4월 30일 | 초판 4쇄 2025년 10월 24일

지은이 홀리(홍성애)

발행인 임호준
출판 팀장 정영주
책임 편집 조유진 | **편집** 김경애 박인애
디자인 김지혜 | **마케팅** 이규림 정서진
경영지원 박정식 유태호 신혜지 최단비 김현빈

사진 홀리아빠
인쇄 도담프린팅

펴낸곳 비타북스 | **발행처** (주)헬스조선 | **출판등록** 제2-4324호 2006년 1월 12일
주소 서울특별시 중구 세종대로 21길 30 | **전화** (02) 724-7648 | **팩스** (02) 722-9339
인스타그램 @vitabooks_official | **포스트** post.naver.com/vita_books | **블로그** blog.naver.com/vita_books

ⓒ홀리, 2025

이 책은 저작권법에 따라 보호를 받는 저작물이므로 무단 전재와 무단 복제를 금지하며,
이 책 내용의 전부 또는 일부를 이용하려면 반드시 저작권자와 (주)헬스조선의 서면 동의를 받아야 합니다.
책값은 뒤표지에 있습니다. 잘못된 책은 서점에서 바꾸어 드립니다.

ISBN 979-11-5846-442-4 13590

> 비타북스는 독자 여러분의 책에 대한 아이디어와 원고 투고를 기다리고 있습니다.
> 책 출간을 원하시는 분은 이메일 vbook@chosun.com으로 간단한 개요와 취지, 연락처 등을 보내주세요.

비타북스는 건강한 몸과 아름다운 삶을 생각하는 (주)헬스조선의 출판 브랜드입니다.